子ども虐待

悲劇の連鎖を断つために

いのうえせつこ

新評論

目　次／子ども虐待

第一章 〝子ども虐待〟は身近にも

はじめに

一九九八年九月にシンガポールで開かれた「家庭暴力世界会議」(World Conference on Family Violence)に私は参加した。「家庭暴力」とは、世界的に「子ども・女性・高齢者への暴力」と位置付けられていて、約四〇カ国(参加者・約三〇〇人)が集まったシンガポール会議では、主に子ども虐待と女性への暴力が中心課題だった。特に「虐待の連鎖」(Violence Cycle)と呼ばれる、虐待を受けた子どもや、暴力を身近に見て育った子どもたちは心身ともに深い傷を受け、その傷が癒されないと、成人後にパートナーへの暴力や、子どもへの虐待の加害者になる割合が高くなる現象をどのようにして断ち切るかの話し合いが白熱化した。

しかし、帰国後、私が取り組んだのは「高齢者虐待」で、一年後の一九九九年九月に『高齢者虐待』(新評論)を出版した。

理由は、高齢者虐待については日本で当時あまり取り上げられていなかったことと、一九九九年が国際高齢者年だったということにある。しかし、本心は子ども虐待や女性への暴力はあまりにも生々しいというか、身近かに見えないようで実は見えてしまうのではないかという恐れから、あえて目をつぶってしまったというのが正直なところである。それに、子ども虐待や女性への暴力について書かれた本は沢山あるし……と。

ところが、一九九九年の夏頃から私の住む神奈川県内でも児童養護施設での体罰が横行！という記事が新聞紙上に見られるようになった。子ども虐待が社会問題として取り上げられ始め、親（養育者）からの虐待をのがれ、保護されているはずの児童養護施設で、入所児に殴る、蹴る等の体罰が行われているとしたら……。私は唖然とし、愕然すると同時に、ナゼ！ナゼ！という疑問がわいてきた。

そんな時、一九九八年の六月頃だったろうか、ある児童養護施設を取材するために神奈川県の児童福祉課を訪れた際、「子どもの側に立つ応援団が少なくてね」という言葉を聞いたことを思い出した。マスコミは「施設内の体罰横行は許せない！」という論調で記事にはするが、なぜ体罰が横行し、それを無くすためにどのようにしていったらいいのかはなかなか取り上げない。

そこで、急増していると言われている子ども虐待と児童相談所、そして児童養護施設などについて私なりに取材を重ね〝子ども虐待を繰り返さぬために〟の視点で書いたのがこの本である。

私の身近かにも

私の身近かにも〝子ども虐待〟はやって来た。

A子さん。

現在、二二歳。

高校三年生の時に妊娠、出産。周囲の多くの人の援助で高校にも復学し、卒業後は専門学校へも通い、現在は会社員。そして母子家庭の母親でもある。

そのA子さんが「子どもはいらない。施設にでも預けたい」と言っているということを聞いた。私は、その話を聞いてびっくりした。

A子さんは年齢の割には動作もゆっくりしたところはあるが、利発という感じの子どもを健気に育てているといった感じを受けていたので、正直、何がおこったのだろうかとその理由を知りたくなった。

そして、周囲の人たちにも話を聞いた。

A子さんの母親は高校を出るとすぐに地方から都会へ就職のため出てきたところ、好きな人ができて結婚。そして妊娠、A子さんを身ごもった。A子さんの母親は若かったため、産むのをためらったが、A子さんの父親である夫は「ぜひ、産んでほしい」と言って、A子さんが誕生。しかし、A子さんが四歳の時にA子さんの両親は離婚。A子さんは母親と二人で家を出た。

幼な子を抱えての母子家庭で、A子さんの母親はしゃにむに働き、A子さんは母親が仕事に出ている間、一人で留守番をした。疲れて帰ってきた母親はA子さんに「私はアンタを産みたくなかったのよ」と言っては、A子さんに当った。時にはぶたれたりしたこともある。「保育園も学童保育所へも行ったことはない」とA子さんは語る。

小学生になってからは、A子さんは母親にほめられたくて一生懸命勉強してテストでいい点数をとったり、母親を喜ばせたくて、つい嘘も交えて話をしたりする。しかし、子どもの嘘はすぐばれてしまうもの。その度にA子さんは母親から「あんたはウソつきだ!あんたの言うことは信用できない!」と言われてぶったり、けったりされた。時には髪の毛をつかんで振りまわされたこともある。そして必ず「あんたは生みたくなかった子どもなのよ!」と止めを刺すように言われた。この暴力(身体的虐待)は、A子さんが高校生になるまで続いた。

「お母さんはすぐ怒るので、本当の事を言わない。すると、また……。でも、高校生になって、私の方が背丈が高くなってからは殴ったりしなくなった」とA子さんは話すが、相変わらず「あんたは信用できない子だ!」という言葉の暴力(心理的虐待)は続いた。

A子さんが入った高校は、偏差値の高い進学校で、そこで彼女は自分の居場所を探すようにクラブ活動に打ち込んだ。そのクラブ活動で知り合った男子生徒と彼女はつき合い、妊娠。周囲にそれがわかった時は、もう中絶の時期を過ぎていた。

「私、妊娠するなんて思ってもいなかった……」と。

子どもの頃、親(養育者)からの愛情、肌のぬくもりなどを受けないで成育すると、思春期の頃に女の子は〝肌のぬくもり〟を異性に求め、男の子は社会への攻撃的行動に出ることが多いと言われている。その背景には、「愛されたい!」「認められたい!」という叫びがそうさせるとも。なかには、英雄志向でがんばったり、「社会に見返してやりたい!」と犯罪に走ることがあるとも言われている。ドイツのヒトラーもその一人だったという説もあるくらいに。

A子さんにとってセックスの時の異性の肌が、小さい頃に与えられなかった愛情の代替物だったのだろうか。

娘の妊娠を知ったA子さんの母親は、相手の男子生徒の家に行き、認知と慰謝料を求めた。ところが本人の男子生徒は否認、彼の両親もかかわりがないと否定。そこで、A子さんの母親は家庭裁判所に提訴して、DNA鑑定の結果を経て認めさせる。そして、彼の両親から慰謝料と毎月の養育費を出させることが決められた。

A子さんにとって、母親以外の援助者はいなかったのだろうか。

「別れた父親は、その後、再婚して子どももできたと聞かされているので……。母親の実家には母親の姉妹と両親もいるはずなのですが。つき合っていないので。子どもの頃、一度行った記憶はあるのですが……」

A子さんの母親にとって、故郷は頼りにするところではないのだろう。

母親との絶縁状態の中で、A子さんは周囲の援助を受けて、初めての子育てをしながら、定時制に転部した高校を卒業し、専門学校にも通った。

A子さんは、「母親が私を育ててくれた頃は、いまのように社会の援助もなかったから、大変だったのだと思います」と、ちょっと涙ぐみながら話す。

しかし、社会人になったA子さんにとって子どもと向き合う育児は大きなストレスになったのだろう。保育園に通い始めたA子さんの子どもは、活発でどんな大人にも人見知りすることのない元気さを持っていたが、いろいろな問題行動を見せるようになった。

例えば、保育者をはじめとする周囲の大人がいやがるような言葉を使ったり、揚げ足を取るようなもの言いをする。友だちをぶったり、おやつの時間など他の子の分まで食べてしまったり。それを注意されると、突然に自分の髪を引き抜いて自分の口に入れてしまったりする。

頬にもぶたれたのか青アザができていたり、髪の毛が一部分ごっそり抜けていたり。「どうしたの?」と聞くと、「ころんだの」と答える。

そのうち、彼女の家の近隣の人から「夜中に子どもの泣き声がうるさくて眠れない」という苦情が寄せられるようになる。

そして、福祉事務所が介入して、結果的に彼女の「子どもはいらない。施設へでも」という言葉から、子どもは児童相談所の一時保護所から児童養護施設へ入所することに。そして、A子さんは一人暮しをすることになった。

この一連の経過を遠くから見てきた私は、これこそが、家庭暴力世界会議で大きな話題になった「虐待の連鎖」ではないだろうかと思った。

なんと悲しい、〝虐待の連鎖〟なのだろう。A子さんの母親も、地方で厳しい父親の下に育ち、それに反発するかのようなかたちで単身、就職のため都会へ出てきた。そして、早すぎる結婚、妊娠。A子さんの母親が出産をためらったのは、多分、子どもができてしまえば自分の青春はもうお終いだ！自由が束縛されると感じたからではなかったろうか。同年代の女性たちが一人身で生活を楽しんでいるのに……という気持ちもあったろう。

しかし、A子さんにとって「産んで欲しい」と望む父親が存在したことは、A子さんが出産した時よりは幸福だったとも言える。

A子さんも「お母さんは、私を抱えて大変だったと思う」と母親をかばう。しかし「しつけは厳しかった」と語る。

親子二人だけの密閉された空間（家庭）の中での育児は危険だ！と言われている。それは抑止力が効かなくなることが多いからである。つまり、第三者が存在すれば、それが抑止力となって、子どもという弱者を心身共に傷つけるというところまではいかないのに、抑止力がない密室化された家庭の中では、親（養育者）の感情だけが先行して、子どもを追いつめ、虐待にまで走ってしまう。

親の愛を求める子どもは、自分が虐待される度に、自分が悪い子だから親はしつけのために自分に暴力をふるっているのだと考える。

親もまた、「あなた（子ども）のしつけのために……」という言葉を使って虐待を繰り返すことが多く、その言葉はまた親自身への免罪符となる。

A子さんにとって、絶縁状態の母親を頼ることもできず、周囲の人たちの援助だけの子育ては、想像以上に大変なものだったろう。それでもがんばって高校を卒業し、二年間の専門学校も修えたのである。しかし、子育ては、自分がされたことは出来ても、されなかったことはやれないものである。そして、知らず知らずに親にされたことをやってしまう。

虐待された人たちのケアにかかわる人たちは、よくこんな言い方をする。「トラウマ経験（愛されなかった体験）を持つ人は、かつて自分が親に払った犠牲がわからないとき、子どもに返す」と。

つまり、親から受けた虐待の傷が癒えないうちに親になると、また同じ事をしてしまうということなのだろう私も三人の子どもを産み、育てたので、その気持ちはわかるが、小さい子どもの世話をしていると、無意識的に自分自身（親）が子どもの年齢に近いところまでおりてきて子どもと対応していることに気付く。第三者からは「子どもとけんかしている」ように見える行為である。こんな時、親としての自然な心の動きが親自身の中に虐待された記憶があると、それを呼びさますことがある。

泣き叫ぶ子どもの姿から、かつて自分が親から殴られたり罵倒されたりしている幼い自分の姿が重なると、親への怒りがこみあげてきて、激しく子どもを殴ってしまう。

心の平穏を保つために封鎖してきた悲しみや怒りの爆発が理性を超えて大きな力を持ってしまう。子どもの頃に受けた虐待の傷は、想像以上に大きく、成人後に影響を及ぼす。この虐待の傷を癒すためには、自分の虐待の体験を第三者に話すなどの治療を受ける必要がある。

A子さん親子も、母子分離の中で各々に虐待の傷を癒すためのスタートを切ったと私は考えたい。

子ども虐待とは

子ども虐待が認識されるようになったのは、一九六〇年代初めにアメリカの小児科医たちからとされている。

わが国でも、「煮て食おうが、焼いて食おうが親の勝手！」という言葉に象徴されるように、子どもは親の所有物とみなされ、子どもの人権はないがしろにされてきた。

子ども虐待がわが国で社会問題として取り上げられるようになったのは、一九九四年（平成六年）

に「児童の権利に関する条約」が批准、発効されて以後と言っていい。

それまでにも、子ども虐待について関心を持ち、民間でも一九九〇年（平成二年）に大阪で「児童虐待防止協会」が、翌九一年に東京で「子ども虐待防止センター」が、九五年には名古屋で「子どもの虐待防止ネットワーク・あいち」が発足して、専門家やボランティアたちによる活動は始まっていたが、一般の人たちの関心が高まってきたのは、九〇年代後半からと言っていいだろう。

「子ども虐待」と一口に言っても、その定義は、二〇〇〇年（平成一二年）五月一七日に国会で成立した「児童虐待の防止に関する法律」（一八一頁参照）によって初めて法的にも認められたところである。

それまでにも「児童虐待の分類」として「厚生省報告例記入要領における分類」（p.14参考資料①）と「全国児童相談所における家庭内虐待調査における分類」（p.15参考資料②）があるが、「児童虐待の防止等に関する法律」では児童虐待の定義は次のように定められた。

児童虐待の定義

児童虐待とは、保護者（親権を行う者、未成年後見人その他の者で、児童を現に監護するものをいう）がその監護する児童（一八歳に満たない者をいう）に対し、次に掲げる行為をすることをいう。

一、児童の身体に外傷が生じ、又は生じるおそれのある暴行を加えること。

二、児童にわいせつな行為をすること又は児童をしてわいせつな行為をさせること。

三、児童の心身の正常な発達を妨げるような著しい減食又は長時間の放置その他の保護者としての監護を著しく怠ること。

参考資料①

厚生省報告例記入要領における分類

(1)　身体的暴行——外傷の残る暴行、あるいは生命に危険のある暴行

- 外傷としては打撲傷、あざ（内出血）、骨折、頭部外傷、刺傷、火傷など。
- 生命に危険のある暴行とは首をしめる、布団蒸しにする、溺れさせる、逆さ吊りする、異物を飲ませる、食事を与えない、冬戸外に締め出す、一室に拘束するなど。

(2)　保護の怠慢ないし拒否（ネグレクト）

——衣食住や清潔さについての健康状態を損なう放置

- 健康状態を損なう放置とは栄養不良、極端な不潔、怠慢ないし拒否による病気の発生など。

(3)　性 的 暴 行——親又は親に代わる保護者による性的暴行

(4)　心理的虐待——極端な心理的外傷を与えたと思われる行為

- 心理的外傷とは、児童の不安・おびえ、うつ状態、凍りつくような無感動や無反応、強い攻撃性、習癖異常など日常生活に支障をきたす精神症状が現れているもの。

(5)　登 校 禁 止——家への閉じ込め

（注）1．一般的に「登校禁止」は「ネグレクト」に含めて分類することが多い。

2．「身体的暴行」と「性的暴行」をまとめて虐待で分類することもある。ただし、この場合でも小分類としては「身体的暴行」と「性的暴行」に分ける。

参考資料②

「全国児童相談所における家庭内虐待調査」における分類
（全国児童相談所長会　平成８年度実施）

「家庭内虐待」とは、家庭内で、親又は養育者など（例：きょうだい、おじ、おば）が子どもに対して、身体的、精神的及び性的に危害を加えたり、適切な保護や養育を行わないことで、原則として反復、継続していること。

１　身体的虐待

身体に傷を負わせたり、生命に危険のあるような行為をすること（体罰や折檻が通常のしつけを逸脱している場合）

例　なぐる、ける、煙草の火をおしつけて火傷させる、監禁する等

２　不適切な保護ないし拒否

子どもの健康や発達に必要な衣食住の世話をしなかったり、病気やけがのときに必要な医療を受けさせなかったりすること（世間一般の文化、衛生水準から著しくかけ離れた生活をしてる場合）

例　棄児、置き去り

登校禁止（本人の意思に反して保護者の意図や都合で学校に行かせない）

栄養不良、極端な不潔　等

３　性的虐待

性的いやがらせや性的関係を強要したりすること

例　子どもに性器を露出する、ポルノビデオを見せる、性行為の強要　等

４　心理的虐待

始終非難、拒否、無視、脅迫、差別などにより心身の発達に問題を生じさせることまたはその怖れの大きい状態

例　ほめることをせず、嫌味ばかり言う（ことばによる暴力、無視）

盗みや万引を強要する

宗教を強制する　等

四、児童に著しい心理的外傷を与える言動を行うこと。

以上の四つを要約すると「身体的虐待」「性的虐待」「ネグレクト（放置、保護の怠慢）」「心理的虐待」となる。

その内容を具体的に「子ども虐待防止の手引き」（厚生省児童家庭局企画課）から記すと、次のようになる。

① 身体的虐待

殴る、蹴る、投げ落とす、首をしめる、溺れさせる、逆さづりする、タバコの火を押しつける、毒物を飲ませるなど、子どもに対する身体的な暴力。

② 性的虐待

子どもに性交をしたり、性的行為を行うこと。父親（義父、継父）が娘を対象にすることが多い。兄が妹にというようにきょうだいの間でおきることもある。家庭外で、知人や見知らぬ人から性的暴行を受けることも性的虐待とみることもできる。

③ ネグレクト（放置、保護の怠慢）

健康状態を損なうほどの不適切な養育、あるいは子どもの危険についての重大な不注意。例えば、家に監禁する、学校に登校させない、重大な病気になっても医者に連れていかない、十分な栄養を与えない、ひどく不潔なままにする、などである。親がパチンコをしている間、乳幼児を自動車の中に放置し、熱中症で子どもが死亡したり、誘拐されたりする事件も、ネグレクトの結果といえる。

④ 心理的虐待

〝おまえなんかどうして産んだんだろうね〟などと言ったり（言葉による脅かし）、子どもからのはたらきかけに応えなかったり（無視）、拒否的な態度を示すことで、子どもの心を傷つける（心理的外傷を与える）こと。

「子ども虐待」は、多くは密室化された家庭内で行われるため社会的に顕在化しにくい特質がある。そのために子ども虐待の実態は掌握されにくい。

新聞報道などでは、全国の児童相談所の養護相談（子育て相談）の中にみられる虐待件数をもって、その数としているが、実際には病院や保健所などの専門機関で相談をされながら児童相談所に通報されないケース（法律施行後は通報義務が課せられる）や、専門機関に発見されず潜在しているケースも多いと考えられているので、子ども虐待の実態は、私たちが想像する以上のものだろう。

ここでは平成一〇年度の厚生省報告例で把握した児童相談所における児童虐待相談の処理状況報告を紹介したいと思う。

この報告例を見ても、全国の児童相談所への虐待に関する相談処理件数は、九年前の平成二年度と平成一〇年度を比らべると「六・三倍」にもなっている。

虐待の相談経路（平成一〇年度）は「家族」からが約三分の一近くを占めているが、その次に多いのは「福祉事務所」（一四パーセント）、そして「学校等」（一三パーセント）となっている。

虐待の相談内容（平成一〇年度）は、「身体的暴行」が約半数以上で、「保護の怠慢ないし拒否（ネグリット）」が、約三分の一近くを占めている。

参考資料③

児童相談所における児童虐待相談の処理状況報告

平成10年度厚生省報告例において把握した児童相談所における児童虐待相談件数の内容について調査(抜粋)

1　虐待に関する相談処理件数の推移（厚生省報告例）

平成２年度	平成３年度	平成４年度	平成５年度	平成６年度	平成７年度	平成８年度	平成９年度	平成10年度
〈100〉 1,101	〈106〉 1,171	〈125〉 1,372	〈146〉 1,611	〈178〉 1,961	〈247〉 2,722	〈373〉 4,102	〈486〉 5,352	〈630〉 6,932

（注）　上段〈　〉内は、平成２年度を100として指数（伸び率）である。

2　虐待の経路別相談件数（厚生省報告例）

	総数	家族	親戚	近隣知人	児童本人	福祉事務所	児童委員	保健所	医療機関	児童福祉施設	警察等	学校等	その他
９年度	(100%) 5,352	(29%) 1,557	(3%) 186	(8%) 437	(2%) 103	(15%) 783	(3%) 140	(3%) 183	(5%) 250	(5%) 284	(6%) 311	(13%) 687	(8%) 431
10年度	(100%) 6,932	(27%) 1,861	(3%) 224	(9%) 616	(2%) 159	(14%) 939	(2%) 142	(4%) 292	(6%) 395	(5%) 324	(6%) 415	(13%) 895	(9%) 670

（その他：救急関係など）

3　虐待の内容別相談件数（厚生省報告例）

	総数	身体的暴行	保護の怠慢ないし拒否	性的暴行	心理的虐待	登校禁止
平成９年度	（100%）5,352	（51.9%）2,780	（32.3%）1,728	（5.8%）311	（8.6%）458	（1.4%）75
平成10年度	（100%）6,932	（53.0%）3,673	（30.4%）2,109	（5.7%）396	（9.4%）650	（1.5%）104

3　虐待の内容別相談件数（厚生省報告例）

	総数	父		母		その他
		実父	実父以外	実母	実母以外	
平成９年度	（100%）5,352	（27.0%）1,445	（9.1%）488	（55.0%）2,943	（3.8%）203	（5.1%）273
平成10年度	（100%）6,932	（27.6%）1,910	（8.2%）570	（55.1%）3,821	（2.8%）195	（6.3%）436

（その他は、祖父母、兄弟姉妹、叔父叔母など）

3　被虐待児童の年齢構成（厚生省報告例）

	総数	０～３未満	３～学齢前児童	小学生	中学生	高校生・その他
平成９年度	（100%）5,352	（19.3%）1,034	（25.6%）1,371	（35.9%）1,923	（13.9%）741	（5.3%）283
平成10年度	（100%）6,932	（17.8%）1,235	（26.9%）1,867	（36.6%）2,537	（13.4%）930	（5.2%）363

虐待の主たる加害者（平成一〇年度）は、半数以上が「実母」だが、約三分の一近くは、「実父」である。

虐待される子どもの年齢（平成一〇年度）は、「小学生」が三分の一以上を占め、次いで「三歳～学齢前児童」が三分の一近くである。

私が住む横浜市でも市内の三児童相談所での平成一一年度中の児童虐待の把握件数が明らかにされたが（二〇〇〇年五月一一日発表）、虐待件数は「三九六件」で、前年度の一・六倍と増加している。

虐待件数の内容は、

身体的虐待	一六八件	（前年度　一二六件）
保護の怠慢・拒否	一四四件	（〃　九八件）
性的虐待	一七件	（〃　一二件）
心理的虐待	六七件	（〃　二四件）

件数が増えたことについて、横浜市の児童課の話によると、「実態は密室の家庭内でおきるのでもっと多いと思うが、虐待への関心も高まっていて、保健所や保育所、主任児童委員などからの通報も増えて、それに各区の取り組みもそれを支えている」ということだった。

年齢別では、「〇歳から五歳」までが二〇四件と全体の五一・五パーセントを占め、乳幼児が多い。

相談経路は、「児童相談所」「近隣」「親族」「学校」「保健所等」「福祉事務所」の順である。

虐待の加害者は「実母」が五六・八パーセントで、「実父」が一九・七パーセント、「実父母（両親）」が九・六パーセントと多い。

「虐待の事例」では、
▽三歳の男の子の育て方について相談したいと母親が児童相談所へ来所。
母親は「子どもが一歳の頃から落ち着きがなく、叱っても直らないため、次第に手が出るようになった。そのうち、子どもの行動を先読みして叱ったり、心を傷つけるような言葉をぶつけてしまう。もう、子どもを目の前にすると苛立って自分を抑えられない」と話す。

児童相談所は、母親の子どもに対する緊張を和らげるために児童相談所に子どもを一時保護し、その後、母親が子どもを肯定的に受けとめられるようになることを目標に通所指導を行っている。
▽近隣からの通報で発見されたケース。
「公園に顔中あざだらけの幼児がいる」と、公園で自分の子どもをよくあそばせている女性が児童相談所へ通報。その女性が幼児に話しかけているうち「パパにやられた」というので心配になって通報したとの事。

児童相談所の職員が公園に出向いて児童の様子を確認し、家庭訪問をしたところ、継父がしつけのためという理由で、顔を拳で殴ったり、腕に噛みつくなどの体罰を繰り返し、時には逆上して顔が腫れあがるような激しい暴力を加えていたことが判明。そこで家庭訪問をして指導を始めたが、新たなケガが発見されたので、児童相談所に児童を一時保護した。そして、保護者との話し合いを積み重ねたが、現在は、児童養護施設に児童を入所させて、親子関係の調整を図っていくことに。

横浜市の例に見るように、「子ども虐待」は、大きく二つに分けることが出来る。

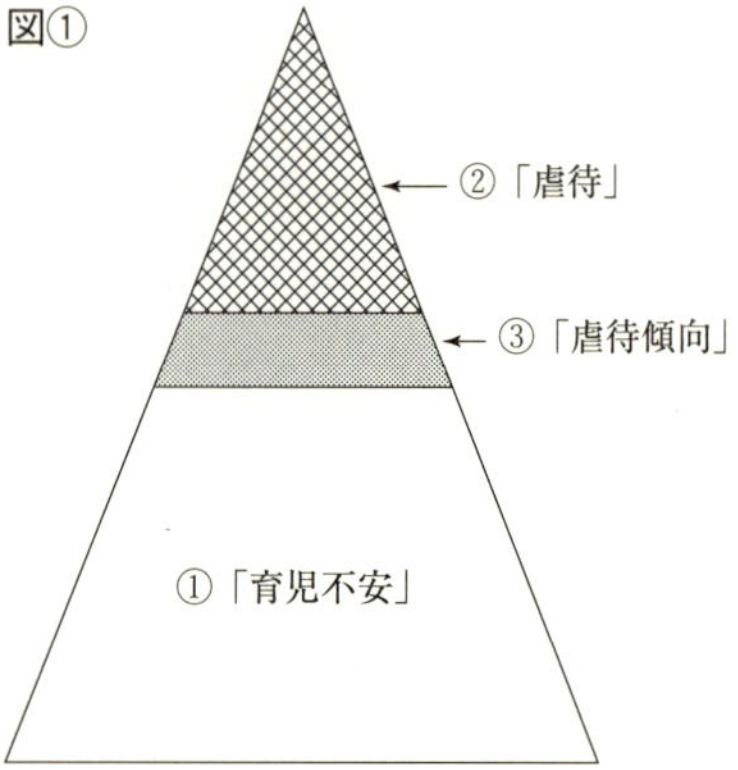

図①

図①に見られるように「育児不安」から来る子どもへの虐待と、親自身の成育歴などからおこる②の「虐待」である。その他、①の「育児不安」がエスカレートして③の「虐待傾向」におちいっていくケースも増えている。「育児不安」で言えば、横浜の事例は①にあたるが、子育てが母親（父親）だけの単身にまかされ、配偶者との関係がうまくいっていなくて、近隣との関係も、トラブルを起こしたりするたびに孤立しがちで、親族との関係もなくなっている場合におこりやすい。

初産年齢が低く、子どもが複数の場合も、育児不安というより、母親のイライラから子どもにあたってしまうという傾向もある。また、子ども自身の要因も関係すると考えられていて、よく泣いたり、自己主張が強かったり、一つのことにこだわりすぎるなど、いわゆる「育てにくい子」「手のかかる子」に対して、親が否定的な感情を持ってしまう場合に子どもを虐待しがちになるとされている。障害や慢性疾患をもっている子どもも、その対応に手がかかり、余裕がなくなってしまうとおこりやすい。

また、高学歴で真面目すぎる母親（父親）は、子育てに理想像を描きすぎるため、育児書通りにいかない子どもにあたってしまうという場合にも虐待がおこりやすい。

以上の育児不安などから来る虐待は、母親自らが児童相談所などの関係機関への相談で発見されることが多く、適当なサポートがなされることで、虐待がひどくなるのを止めさせ、まわりの支援をうまく配置することができる。

②の「虐待」は、親（養育者）自身が虐待を受けて育った場合に多いと言われている。虐待を受けて育つということは、他者（人間）への不信や、自分自身への評価の低さ、また人間関係がうまくとれないというマイナス要因を持ってしまう。また、家庭内の暴力傾向が強い環境で育つと、成人後、配偶者や愛人に暴力をふるったり、親となった後に子どもへの虐待となって再現されやすい。とくに、子どもとの関係では、親から満たされなかった愛情や信頼を子どもに求めるという「親と子の逆転役割」があらわれるともされている。

また、親自身がアルコールや薬物の依存症であったり、精神的な疾患をもっていると、定職につけなかったり等の家庭内不安定をきたし、ストレスのつよい状況になると、いらだちから虐待におちいるとされている。

家庭の中で、夫婦関係が不安定で、とくに父親から母親への暴力（ドメスティック・バイオレンス）がある家庭では、一方（父親）が子どもに虐待をしても、もう一方（母親）が虐待を黙認したり、加担したりしてしまうこともおきる。

このような「虐待」の場合、子どもを緊急に一時保護をして親子分離し、親自身のかかえている問題を解決することから始めるしかない。

子ども虐待は、子ども自身に問題があるのではなく、子どもの養育者である親たちに問題があるということを忘れてはならない。

そして、現在の物やお金に価値がおかれ能率や効率だけを重視する社会、そして子育てを母親だけに押しつける性別役割分業の社会のあり方もまた、子ども虐待を生み出す温床になっていることを忘れてはならない。

一九九九年（平成一一）一二月一六日に警察庁が発表したところによると、九九年一月から一〇月までの間で刑事事件となった子ども虐待は「一〇五件」で、逮捕された保護者らは九七人、書類送検は一六人。

○児童虐待で死亡した子どもは――四〇人

○児童虐待（一〇五件）の内訳は――

　身体的虐待　五五件

　保護の怠慢・ネグレクト（拒否）　二四件

　性的虐待　二六件

○被害を受けた子どもは――

　男児　四六人

　女児　六二人

　合計　一〇八人

○被害を受けた子どもの年齢は――

　一歳未満　三四人

　一歳～五歳未満　三五人

○加害者の内訳は――

実母　四七人
実父　二四人
母親と内縁関係の男性　二一人
養継父　一八人
○犯行の主な原因・動機別は――（性的虐待を除く）
育児の悩み・疲れ　二一件
子どもが意のままにならない　一八件
以上の実態を受けて、警察庁は一九九九年一二月一六日に児童虐待に対する取り組みを強化するよう、各都道府県警に通告し、早期発見や積極的な捜査を指示するとともに、児童相談所などの関係機関とも連携強化をするよう求めている。
子ども虐待について、やっとわが国でも社会問題視され始めたと言っていいだろう。
私の住む神奈川県でも、いじめや犯罪の被害、児童虐待などにあって心に傷を負った被害児童たちを支えようと「神奈川県被害児童・生徒支援連絡会議」（県教委・県警）（会長・鈴木浩中学校長）が一九九九年一〇月末に結成された。神奈川県警の少年相談保護センターへの相談件数は年々増えていて、一九九九年に入ってからの児童虐待に関する件数は四九件（九八年は一〇件）である。
国の対応については、厚生省の諮問機関である中央児童福祉審議会が一九九九年九月二二日子ども虐待を見つけた人が地域の児童委員を介して福祉事務所や児童相談所に通告できるようにする児童福祉法改正案を承認。

また同審議会保育部会でも、一九九九年一〇月一九日、認可保育所の保育計画を作るガイドラインとなる「保育指針」の改正案を了承したが、その中に初めて「児童虐待の早期発見と適切な対応」が〝重要な保育活動〟としている。

虐待の発見方法としては、子どもの不自然な傷やおびえた表情、極端な落ち着きのなさ、理由のない欠席、病気や傷の治療を受けた気配がない事。また、親については、子どものことを話したがらなかったり、必要以上にしつけが厳しいなどである。

これらを受けて国会の衆議院青少年問題特別委員会（石田勝之委員長）で検討されてきた子ども虐待防止のための「児童虐待防止等に関する法律」が二〇〇〇年五月一七日の参議院本会議で全会一致で可決、成立した。

この経過は、新聞紙上でも報じられたが、五月九日に、自民、公明、保守の与党三党が「児童虐待防止法案」を正式決定し、一一日に与野党共同による議員立法として衆議院に提出、可決し、参議院で可決、成立した。

私の友人である参議院員議員の千葉景子さんの話によると、当初、自民党は児童福祉法の一部改正を提案したが、民主党をはじめとする野党から単独の法案提出が進んだため、自民党ら与党は、民主党案の「児童虐待の防止等のための体制の整備に関する法律案」などを参考にして、与野党合意案としての「児童虐待防止に関する法律案」提出となった。

「不本意の部分もあるけれど、一歩前進という事で、三年後の見直しも含めて、少しでも子ども虐待防止のために役に立てばと思っている」と。

いままで、子どもを一時保護しても、親が民法上の「親権」を理由に引き取りを求めると応ぜざるを得なかったが、今回の法律でこうした要求を拒否できるようになったり、事実上「親権の一時停止」ができるようになった。

子ども虐待防止についての法律もでき、わが国でも一歩を踏み出したと言える。

新聞報道でも

子ども虐待についての報道は、最近毎日のように私たちの目や耳に入ってくる。横浜市に住む私も、地方版に載る子ども虐待の記事は心の痛みなしには読み通せない。

二〇〇〇年の一月二八日付の読売新聞の横浜版に載った「三歳の連れ子殴り重体――容疑の男逮捕『なつかぬ』体中にあざ」の見出し記事は心にのこった。

三〇歳になる無職の男性が、二四歳の内縁の妻の三歳になる長男の顔を殴り、重体となった子どもは病院に運ばれ、硬膜下血しゅで意識不明となる。男性は「(子どもが) なつかず言うことを聞かないので殴った」と。

子どもの体中にはアザがあり、以前から暴力を振るっていた疑いがあるとして取り調べ中。母親は仕事に出ていて不在中の事件。

この記事を読み、事件がおこった地域の知人に電話をして、いろいろ尋ねてもらったが、この家族は最近、引っ越してきて、近隣との親しいつき合いもなかったようである。

3歳の連れ子殴り重体

容疑の男逮捕 「なつかぬ」体中にあざ

旭署は二十七日、横浜市旭区今宿東町、無職間宮一容疑者(30)を傷害の疑いで緊急逮捕した。

調べによると、間宮容疑者は二十五日夜、自宅アパートで、内縁の妻(24)の長男(3)の顔を殴った疑い。長男は病院に運ばれたが、硬膜下血しゅで意識不明の重体。病院からの通報で、同署が間宮容疑者から事情を聞いたところ、「なつかず言うことを聞かないので殴った」などと容疑を認めた。

同署では、長男の体中にあざがあることから、間宮容疑者が、以前から長男に暴力を振るっていた疑いもあると見て調べている。犯行当時、母親は仕事に出て不在だった。

読売新聞2000年1月28日付（横浜版）

「古くから住んでいる人だとわかるのですが、アパートへ最近、引っ越して来た人だとなかなかわからなくて……」とのことだった。

そこで、横浜地方裁判所に電話を入れ、公判の日取りを教えてもらった。

第一回は三月一七日。現在、横浜地裁は立て替え中のため、刑事事件の法廷は、横浜球場がある横浜公園近くのビルの中にある。傍聴人は被告人の内縁の妻の関係者らしい三人と私だけ。裁判官と検察官は一人づつで二人とも女性。

被告人は白いジャンパー姿にいがぐり頭。両手を腰縄で縛られ、刑務官に連れられて法廷へ。時に、手の平で目をこする。泣いているのだろうか。

検察官から起訴状が読み上げられる。

被告人は高校卒業後、職業を転々とし、一九九九年一〇月以降、内縁の妻と同居後は無職。内縁の妻が飲食店に午後八時から翌午前四時まで働きに行っている間、被告人は子どもの世話をしていた。

事件当時、被告人は子どもと二人でいたところ、子どもがオシッコをもらしたと言って来た。見ると、オシッコをしていたので「どうして言わないのだ」と言ったところ、だまっていたので、「バカにした！」と思い、平手で顔を殴ったところ、フローリングの床に転倒し、その後意識不明に陥入ったので、救急車を呼んで病院へ連れて行った。

それまでにも、子どもの母親の不在中、殴ったことがあり、両ほほにアザができ母親から注意を受けたことがある。

「病院ではさっそく開頭手術がなされたが、現在（三月一七日）まだ昏睡状態が続いている」との検察官からの報告がなされた。また、（子どもの）全身には多数にわたってアザが発見されたことも。最後に「被害者（子ども）が重体のため、次の公判期日は、被害者の状態が安定してからにしていただきたい」という検察官からの申し出で、〝追って続行〟という裁判官の言葉で第一回公判は終了した。

子ども虐待の裁判の傍聴は、痛ましさとやり切れなさで、裁判所を後にする私の足は重かった。高齢者虐待の裁判傍聴も気が重かったが、子ども虐待の裁判はそれ以上の心の負担が胸を締めつける。

それは、なぜだろうか。歩きながら考えた。

子ども虐待の被害者は、加害者である保護者を拒否することが出来ないし、助けを求めるにしては、この事件の場合、三歳では無理だろう。

被害者の母親は、以前から内縁の夫による暴力を知っていたのに、なぜ、子どもを守れなかったのだろうか。ひょっとすると、母親自身もまた内縁の夫との人間関係がうまくいっていなかったのかもしれない……。被告人の男性も、定職をもたず、内縁の妻の働きで生活しているといった関係にイライラしていたのかもしれないし、また、被告人自身も父親からしつけのためと言って暴力を受けていたのかもしれない……。

四月に入って、何度も横浜地裁に電話をして次回公判の日取りを尋ねた。「被害者の状態は変わっていないのですが、いつまでも公判未定というわけにはいきませんから」と、第二回公判の日取りを教えてもらった。

第二回公判は、五月一六日。初夏を思わせる横浜公園は、チューリップがきれいだった三月とはうって変わってバラの花が咲いていた。

なぜか傍聴席は男女合わせて十人を超えていた。裁判官は野島久美子判事で前回と同じだったが、検察官は若い男性に変わっていた。

被告人も四センチほど髪がのびて、服装も白色の上下トレーナー。グリーンのスリッパに白とグレーの縞の靴下。時々、手の平で男性には似つかわしくないと思われるほど大きい二重まぶたの眼をこする。

裁判が始まるとすぐに検察官から、被害者が四月二五日に死亡した旨の報告がなされる。そして、被告人に「第一回公判後、胸に手をあてて考えてきたと思いますが、前回述べた事実とちがっていた点はありますか」という質問がなされた。被告人は「ありません」と短く答えた。

「次回は六月二七日で結審します」という野島判事の声で閉廷。

その後読売新聞（横浜版　五月二三日付）の「㊥　なぜ児童虐待」シリーズ①によると、亡くなった三歳の男の子は日頃から母親の内縁の夫から手や毛布たたきで繰り返し殴られていた。近所の主婦たちも〝虐待〟ではないかと案じたが、「違ったら気まずくなる」と。

子どもの母親は、病院へ見舞いに訪れた近所の主婦たちに「虐待じゃないのよ」と、内縁の夫をかばっている。母親は、被告人との間にできた子どもをいま、身ごもっていると。

第三回公判は、梅雨の曇り空の下、紫陽花がきれいな六月二十七日の午後に開かれた。

被告人は白のトレーナーに黒のジャージーパンツに白とグレーのしまの靴下。三センチほど伸びた頭髪に少しまじった白髪が光る。

最初に検察官から上部の部分が半分に壊れた布団たたきと粘着テープの証拠品が提出され、被告人に対する質問から始まる。

検察官は、死亡した子どもの全身のアザまみれの写真を被告人に見せながら「ここに写っているアザについて聞くので、正直に答えて下さい」と前置きして、「あなたは平手で殴っただけと言っているけれど、頭頂部のコブ、唇の下のひっかき傷、へその下の赤いすじ、唇内出血、そして目尻の青いアザ、目の横の赤いアザ、腹部の点々としたアザ、腰の部分の青いアザ、太股の赤い線状のアザ、左上腕部の赤いアザ、右大たい部の青いアザ、これ、全部、平手で殴ったの？」

被告人が「はい、平手以外では殴っていません」と答えると、「お医者さんから聞いたのだけれど、平手で殴っただけだと、絶対こんな傷はつかないと言っているのだけれど。あなた、平手以外に拳や布団たたきでも殴っていたのじゃないの？」

被告人は平然と「平手以外では殴っていません」と答える

「それでは聞くけれど、どうしてこんなになるまで、それも脳死状態で死亡するまで殴ったわけ？」

「よくおしっこをもらすので。トイレに行くと言えば連れて行ったのに。それに失敗して注意すると、反発することもあって、口で注意するだけだとなれっこになってしまうので平手で殴った。でも、これはどこまでもしつけとしてやったことで」

「いくらしつけとは言っても、三歳の子どもにここまでやるのはやり過ぎじゃないの。私にも三歳の女の子がいるけれど、トイレトレーニングをこんなにまでやるなんて。被害者は亡くなっているのですよ、やり過ぎだと思わないの？」

「やり過ぎたことは、深く反省しています」

この後被告人の姉から出所後、更生に向けて仕事がみつかるまで被告人を預かる予定であることが姉本人から証言される。

裁判官からも被告人に対して「しつけのつもりで殴ったと言っているけれど、アザができるまで殴るというのは、私も子育てをしたけれど、しつけの常識を超えていませんか。それに奥さんですか、内縁の妻で被害者の母親から、殴るならお尻くらいならと言われていたのに、どうしてそれを守らなかったのですか。何にも考えずに殴っていたのですか。殴る必要があったのですか。大の男が幼児を殴ったら、けがをするのではないかと考えなかったのですか」

「大変なことになるとは思わなかった。本当に申し訳ないと思っている。」

検察官に対しても「Y君が叱っても泣かないときは殴ったりたたいたりした。そして内出血したときなどは、『ちょっと待っててね』と言って、冷いタオルや温いタオルを当てて介抱した」と。

そして、「死んだのは俺の責任と思っています」と。

最後に検察側から求刑があった。

「無抵抗な三歳の児童にしつけの一環として死亡に到るまで密室で殴るけるなどの暴行を加えたこ

とは残虐行為そのものである。内妻から三度注意してもダメな時はお尻をたたくようにと言われていたのに、いくらしつけのためとはいえ、三歳の子どもに手をあげることは許されるものではない」として、求刑「懲役二年」が言い渡された。

被害者の母親にあたる、被告人の内縁の妻は、六月一五日の面会で「好きな人もできたので別れてほしい」と被告人に告げ、傍聴席には彼女の姿はなかった。

検察側の求刑を受けるかたちで被告人の国選弁護人の杉山浩弁護士から「被告人は、高校卒業後、職を転々と変え、被害者の母親と同居後は無職であったため、男としてはなさけないという心情から事件当時はイライラしていた。被告人は自分がやったことを深くわびており、この上は罪をつぐない、被害者の冥福を祈りたいと言っていますので、情状酌量をお願いします」と。

裁判官の「次は判決を言い渡します。七月一一日の午後一時から」で閉廷した。

なんともやり切れない思いがこみ上げてきた。そこで、裁判所の出口で顔を合わせた検察官に「懲役二年は軽すぎませんか」とつい突っかかるように話しかけてしまった。

子どもの生命はあまりにも軽すぎる。私の怒りは裁判所を出てからも消えることはなかった。

そして、七月一一日。朝から照り続ける夏の暑い午後。私はパラソルをさして横浜公園を通り抜けた。

被告人は白のTシャツに黒色のジャージーパンツ。頭は丸刈り。それまでに法廷で見せた手の平を目尻に持っていく動作は見られなかった。

判決の前に、弁護人から六月二九日に被告人の家族から被害者の母親に慰謝料として金三〇万円が支払われたことと、被害者の母親から嘆願書が裁判所に出されていることが報告された。

検察官からの「嘆願書に書かれている『これからの私共を推察し、よろしくお願いします』という〝ワタシドモ〟というのは、あなたとあなたの内縁の妻だった被害者の母親という意味かな？」という質問に、被告人は「そうだと思います」と答えながら、被害者の母親との間にできた胎児は中絶したとも。

弁護人からは再度「前科前歴もなく、この六ヶ月間反省をしているところなので執行猶予を」と。

裁判官の「これで終結します」に続いて「懲役二年。執行猶予四年」が言いわたされた。「ただし、これは暴行罪としての判決で、今後、傷害致死罪で起訴された場合は、もう一度、裁判が行われます。わかりましたね」という言葉の後に「これからあなたも子どもを持つこともあるかと思いますが、いくらしつけのためと言っても、限度があるということをわかって下さいね。オムツの中におしっこをもらしたというだけで、死にまで至らせることは許されることではありませんから」と。

裁判所を後にしながら、私は思わず独り言をしゃべっていた。「どうして、検察側は傷害致死事件で起訴しなかったのだろう。それにしても未来ある子どもの生命を断つ行為をおかしても、執行猶予がつくなんて……。子どもの生命って、軽いんだ。子どもの生命って……」

胸に沸騰する怒りと、亡くなったY君への悲しみと、子どもの生命のあまりの軽さに目がくらむようだった。

横浜市の事件と同様な事件は、新聞記事を見ていると枚挙にいとまがない。

二〇〇〇年になってからの新聞記事で私の目にとまった子ども虐待の記事を紹介しよう。

「二歳の長女を父が虐待容疑　大田区」（朝日新聞　一月六日）

東京都大田区の三〇歳になる元トラック運転手の父親が、二歳の長女を、一月二日の午後十時ごろから三日朝までパンツ姿のままトイレに閉じこめ、その後三日夕方まで、たばこの火を背中に押しつけたり、水ぶろに入れてシャワーで水をかけたり、顔などを殴って一時、危篤状態にさせたとして、障害の疑いで逮捕される。

父親は「しつけのつもりでやった。反省している」と語っている。

「元ホステスに懲役四年を求刑　長男をせっかん死」（毎日新聞　一月二八日）

横浜市の二五歳になる元ホステスの母親が、二歳の長男をせっかん死させ、障害致死の罪に問われていた裁判でも、一月二七日、横浜地裁（矢村宏裁判長）で、被告人に対し懲役四年が求刑された。

被告人は、長男にミルクを飲ませようとしたが、嫌がってほ乳びんを投げつけたことに腹を立て、顔と腹を殴りつけ、空腸破裂による腹膜炎で死亡させた。

検察側は「犯行後も、医師に暴行の事実を隠すなど、冷酷である」と指摘した。しかし、被告人は最終弁論で「母親としての自覚が足りなかった。子どもの人生を台無しにして悔やんでも悔やみきれない」と。

そして、三月二日、被告人に「懲役三年、執行猶予四年」の判決が下された。

「男と外泊、放置の乳児死亡〝母親に実刑三年〟千葉地裁判決」（読売新聞　一月四日）

生後四カ月になる男子を自宅に放置したまま、死亡させたとして、保護責任者遺棄致死の罪に問われていた千葉県の二四歳の主婦が、千葉地裁の公判で懲役三年（求刑・懲役四年）の判決を受けた。

被告人は、夫が出張中、二歳と生後四カ月の二人の男子を部屋に置いたまま携帯電話で知り合った男友達と二日間にわたって外泊。この間に生後四カ月の乳児が死亡。

判決では「生後間もない乳児を持つ母親として、未熟、無責任、身勝手な犯行である」と実刑判決が言い渡された。

「ライター使い三歳長男虐待　埼玉・容疑の母と交際相手を逮捕」（毎日新聞　二月一〇日）

二九歳の店員の母親と、交際相手の二五歳になる警備員が、三歳になる男の子が室内でトイレットペーパーなどをほぐすなどのいたずらをしたと、交互に長男の体にライターの火を押しつけ、三週間のけがを負わせた疑いで埼玉県上尾署は二人を逮捕。犯行の三日後に母親が病院に連れて行ったことから発覚。

「三歳児重体　母親も逮捕　朝霞、殺人容疑で」（朝日新聞　三月一日）

埼玉県朝霞市の三歳の男の子が、二月二二日にお漏らしをしたりぐずったりする度に、顔を殴ったり床にたたきつけるなどして、二五日に死亡した事件で、二二日に母親の内縁の夫の二六歳になる男性が殺人未遂容疑で逮捕されたのに続き、二九日三〇歳になる無職の母親も暴行に加担していた疑いがあるとして逮捕された。

「見ぬふりの母に逆転有罪判決　札幌高裁・三歳せっかん死公判」（毎日新聞　三月十七日）

北海道釧路市で一九九七年、当時三歳の男児を二九歳の内縁の夫（障害致死罪で懲役六年確定、服役中）がせっかんをして脳機能障害で死亡させた事件で、せっかんを止めなかったとして飲食店従業員の二九歳の母親に、三月一六日、札幌高裁で「懲役二年六月、執行猶予四年（求刑・懲役三年）」を言い渡した。

「死亡した女児の全身にあざの跡　警視庁・母らから聴取」（毎日新聞夕　三月二二日）

東京都足立区のアパートで、三月一七日、生後十一カ月の女児の容体が急変し病院に搬送されたが間もなく死亡。女児には全身にアザやかまれた跡があり、西新井署は二六歳の母親と同居の二八歳になる塗装工の男性から事情を聴くとともに、死因について詳しく調べている。

「母親ら三人、実刑判決　女児せっかん死で水戸地裁」（毎日新聞　三月二三日）

一九九九年九月、茨城県ひたちなか市で、当時六歳（小学一年生）の女児が、両親と母親の知人女性から、長時間のせっかんを受け、死亡した事件で、三月二三日水戸地裁で判決があった。

三四歳になるリサイクル品販売業の母親に懲役六年（求刑・懲役八年）、母親の友人で三〇歳になるリサイクル品販売業の女性に懲役六年（同　八年）継父の四〇歳になる会社員に懲役四年六月（同七年）の実刑判決。

被告人ら三人は、被害児の夕食が進まないのに腹を立て、腹部などをモップの柄で数百回にわたってしつように殴り、腕をライターの火であぶった。ぐったりした被害児の両手足をスチール製のラックに縛り付け、立たせたままで、翌日の午後四時頃まで放置し、外傷性ショック死をさせた。

松尾裁判長は「幼い命への思いやりもなく、気の向くままに暴行を加えた行為」としている。

「母親、六歳死なす　傷害致死容疑　生活苦、転々で嫌気　静岡」（朝日新聞　五月八日）

静岡県御殿場署は、五月八日、六歳になる男子を、せっかんして死亡させたとして、住所不定、無職の三五歳になる母親を傷害致死の容疑で逮捕した。

容疑者の母親は、男児がおにぎりを食べなかったことに腹を立て、殴るけるなどの暴行をして死亡させた疑い。調べに対して「歩道橋から突き落としたり、タバコの火を体に押しつけたりもした」と話している。被害児は四月から小学校に入学するはずだったが、母親は通学させていなかった。

その後　五月一三日付の新聞で**「母の交際相手も逮捕」**という記事が出て、三五歳になるトラック運転手の男性も逮捕された。

両容疑者は、運転手宅で同居し、邪魔になった男児の全身を殴ったりけったりして外傷性脳挫傷で肺炎を引き起こさせ、ぐったりした男児を東名高速近くまで運び、一一九番して病院に運んだ。

「車内放置の乳児死亡　前橋」（朝日新聞　五月一〇日）

前橋市内の病院から「乗用車の中でぐったりしたという乳児が運ばれ、死亡」という届け出があり、前橋が、死亡した九カ月の男児の二四歳になる母親を調べたところ、パチンコをしていた車内に放置した疑いがあるとして事情聴取している。当日、市内の日中気温は、二九・八度。

「母せっかん　二歳児死亡　大阪」（毎日新聞　五月一五日）

二歳になる男児をせっかんして死亡させたとして母親の二八歳になる主婦を傷害致死の疑いで、大阪府警高石署は逮捕。

母親は「言うことを聞かない」として腹部を階段の角に押しつけ、内臓の内出血や一部破裂をおこさせ、死亡させた疑い。

「四歳児殴られ重体　川崎　母の知人の男逮捕　殺人未遂容疑」（朝日新聞　五月二四日）

川崎市宮前署は、同居中の女性の四歳の男児を殴るなどして大けがを負わせたとして、二三歳の無職の男性を殺人未遂の疑いで逮捕。

容疑者は、飲食店アルバイトの二四歳になる女性が留守の五月一二日の午後六時から翌午前三時ごろまでの間、男児の頭などを手で殴るなどした疑い。男児は全身にアザなどのけがあり、意識不明の重体。

その他二〇〇〇年二月には、二九歳の母子家庭の母親が、**「生活保護〝資格ないと思った〟凍死した女児の母語る――小さくなっていく子どものおなかを見ていた――」**（朝日新聞　二月二十七日）という見出し記事の中で、栄養失調から二歳になる女児を凍死させたショックな事件もあった。

こうして、親からの「せっかん」や「無理心中」によって亡くなった子どもは、一九九八年度（平成一〇年度）一年間で〝一三一人〟にものぼっていることが、中日新聞（一九九九年三月七日）で報じられている。

この調査は市民団体「子どもの虐待防止ネットワーク・あいち」で、一九九七年度の前年度より二割近く増えていると。この原因を同団体は「不況の影響とみられる無理心中が一・五倍以上になったほか、育児疲れや父親の暴力が悲劇を生むケースが多い」とし、「子ども虐待は、どんな家庭でも起こる可能性がある」として、「親のストレスを子どもに向けるのではなく、悩みをだれかに相談することが大切」と訴えている。また、都道府県別では〝子ども虐待死〟のワーストワンは愛知県である。

二〇〇〇年五月二五日付の毎日新聞は、厚生省研究班が一九九九年の調査で把握した過去一〇年間の六歳未満の小児の脳死患者一四〇例のうち三例と、調査以外の一例の計四例が、親の虐待で脳死に

毎日新聞　（第3種郵便物認可）

新聞定価1ヵ月3,925円(本体3,738円)・1部売り(消費税込み)朝刊110円 夕刊50円

親は「事故」と言ったけど…

子どもの脳死　虐待ケースも

10年で4例判明

移植法の論議に波紋

厚生省研究班が昨年の調査で把握した過去10年間の6歳未満の小児の脳死患者140例のうち3例と、調査以外の1例の計4例が、親の虐待で脳死に陥ったケースだったことが、毎日新聞の調べで分かった。虐待による小児の脳死の具体例が判明したのは初めて。この中には親などが当初、事故を装い虐待を隠そうとしたものもある。今年秋に始まる臓器移植法見直しでは、小児からの臓器提供を「家族の同意」だけで可能とするかが論議となる見込みだが、虐待では親が加害者で、こうした場合の扱いが焦点のひとつとなりそうだ。【金田健、張智彦】

厚生省研究班に報告された子供の脳死患者のうち、名古屋第二赤十字病院（名古屋市昭和区）で1993年と96年に扱った各1例と東京都内の病院の98年の1例の少なくとも計3例が虐待が原因だったことが、関係者の説明などで分かった。研究班に報告されていないが、北九州市立八幡病院（同市八幡東区）で95年にあった1例も虐待だった。患者は1〜4歳で、脳波などの検査で医師が「脳死の状態」と診断した。

名古屋の93年の事例では、子供を運んだ母親は当初、「遊んでいて浴槽に落ちた」と説明したが、医師が事情を聴き続けるうちに、「育児が大変で、発作的に水に漬けてしまった」と話した。96年には「乗っていたテーブルから落ちた」という子供が搬入されたが、体に数カ所の不審な打撲跡があり、虐待が発覚した。

東京の事例は、治療の途中に母親が「首を絞めた」と虐待をうかがわせる告白を始めた。北九州のケースも、母親は「けいれんがあり、ぐったりした」と症状を説明しただけで、その後の捜査で内縁の夫の暴行が判明した。

東京の事例で司法解剖にあたった杏林大の佐藤喜宣教授（法医学）は「単純な事故に思える事例でも、よく調べれば虐待が疑われることがある。日本ではまだ虐待に関心が薄い医師が多い」と話す。八幡病院の市川光太郎小児科部長も「ほかにも最後まで虐待の疑いが捨てきれなかったケースがある」と話し、4例が氷山の一角である可能性を指摘する。

厚生省研究班は、6歳未満の脳死判定基準作成のために、全国の病院から脳死事例を集めたが、原因関連で「虐待」についてまでは質問していなかった。

現行の臓器移植法は、運用指針で臓器提供の意思表示が有効な年齢を15歳以上と定め、15歳未満の提供は認めていない。

毎日新聞（2000年5月25日付）

陥ったケースだったことを報じている。そして、この四例は「日本ではまだ虐待に関心が薄い医師が多い」として、氷山の一角の可能性を指摘している。

「育児に嫌気　娘を殺害『母に懲役十三年判決』〝長女餓死は作為〟と認定　大阪地裁」（毎日新聞六月一三日）

育児に嫌気がさしたとして、一九九六年一月に当時一歳八カ月の長女に食事を与えず餓死させ、一

九九七年八月に一歳二カ月の三女をこたつのテーブルにたたきつけて殺害した神戸市の二七歳になる主婦に、大阪地裁（岡田信裁判長）は「夫が育児に協力しないからという事情があったにせよ」と懲役一三年（求刑・懲役一八年）を言い渡した。

六月九日、警察庁は、九九年度（平成一一）に児童虐待で死亡した子どもは「四五人」と発表した。九九年度一年間で虐待として警察に寄せられた相談件数は九二四件。また、虐待として事件化した件数は一二〇件で、検挙は一三〇人、被害者は一二四人である。（**「児童虐待死　昨年四五人　警察庁まとめ」** 毎日新聞　六月一〇日）

六月一七日、日本法医学会（理事長・塩野寛旭川医大教授）は、全国七十余りの法医学教室を対象に、過去一〇年間に扱った虐待による子どもの死亡例について具体的な報告を求めることを決めた。この調査は二〇年ぶり。（**「子供虐待死全国調査へ――法医学会20年ぶり　近年急増の実態解明」** 東京新聞　六月一八日）

第二章　子ども虐待の前線基地——児童相談所——

子ども虐待と児童相談所

子ども虐待を防止する上で、児童相談所は最も大切な役割、要《かなめ》の位置にある。

児童相談所は、児童福祉法に基く行政機関であるが、その歴史は、戦後の混乱期における「浮浪児対策」を主にして始まり、「要保護児童（養護、非行）」の相談を経て、「障害相談」が多くなり、加えて「健全育成相談」のニーズが増えて、最近は「児童虐待相談」が増加、社会問題視され始めた。

児童相談所の設置数は、一九九八年一二月一日現在、全国で一七四カ所。

児童相談所の組織は、原則的には「総務部門」と「相談・判定・指導・措置部門」そして「一時保護部門」の三部門から成り立っている。

また、児童相談所の業務は「相談」「判定」「指導」「措置」「一時保讃」の五つである。

相談の受付内容は、「養護相談」「保健相談」「障害相談」「非行相談」「育成相談」「その他」で、子ども虐待は「養護相談」にあたる。

児童相談所は、本来、相談にもとづく援助と、他者からの要請による介入型援助の二つの役割を持っている。

子ども虐待については、虐待をしている側（家庭）からの相談はきわめて少なく、第三者の発見と通告以外に介入の手掛かりをもち得ないため、子どもが未熟であればあるほど虐待の被害が大きくなり、死にまで至らしめてしまうという特徴を持っている。そこで児童相談所に子ども虐待の通告がされていても、児童相談所が介入（家庭から被害児童を分離する）をちゅうちょしている間に殺されてしまうケースが出ると、「児童相談所は何をしているのか！」とマスコミからもたたかれ、社会的非難を浴びる。

また、児童養護施設や乳児院などの児童福祉施設との関係においても批判されることが多い。どうしてなのか。

一九九九年九月六日に茨城県ひたちなか市の当時六歳（小一）になる河合千鶴ちゃんが「食事を時間通りに食べないなど言うことを聞かなかったから」と、会社員の父親（四〇歳）とリサイクル品販売業の母親（三四歳）、それに母親の友人でリサイクル品販売業の三〇歳の女性ら三人から約六時間にわたって断続的に殴るなどのせっかんを受け、翌九月七日午後四時まで両手足をスチール製ラックに縛りつけられて放置され、外傷性ショックで死亡。（一章でも紹介）

千鶴ちゃんは母親の実子で、父親とは母親の再婚後に同居。被告人の母親の友人は日頃から千鶴ちゃんのしつけについて母親から相談をかけられていたという関係。

しかし、なぜ長時間にわたって千鶴ちゃんの腹部などをモップの柄などで数百回殴ったり、腕をライターの火であぶるなどの虐待を三人がしたのか。

茨城新聞の一九九九年九月九日付の記事によると、「『たたいて説教しようと思った』と体罰をすれば子供が良くなると思っていたなどと話している」と書かれているが、三人の行為は〝たたいて説教〟の域を出ている。

普通の家庭では、母親がカッとなって子どもに手を上げると、一方の父親が冷静になって言葉で子どもを諭すというのが多いのではないか。それが、死に至るまで大人三人が子どもに暴行を加えるという行為がなされたその背景には何があったのだろうか。

また、児童相談所への相談や通報はなされていたのだろうか。

九月九日にこの事件が報道された翌日、朝日新聞の茨城版は、「児童相談所へ五、〇〇〇件、福祉司二〇人――通告に追われ手いっぱい――市民の協力頼り」の見出し記事を載せている。この記事によると、茨城県の中央児童相談所は「(この事件について)通告がなく、動くことができなかった」と残念がるが、不登校やいじめなど児童相談所が受ける相談件数は年間五、〇〇〇件を超え、それに対応する福祉司は二〇人。通告に追い回され、自らが問題を見つけ出すのは、極めて困難な状態に置かれていると報じている。

茨城県約三〇〇万人の人口に対し、児童相談所は三カ所。児童福祉司は、厚生省の目安は人口一〇万~一三万に一人としているが、茨城県は二〇人で、一五万人に一人の割合。一人の福祉司が年間担当する件数は平均約二五〇件。

児童福祉司は児童の福祉について、「相談に応じ、専門的技術に基いて必要な指導を行う」と、児童福祉法第一一条(注1)で定められているが、第一一条の二(注2)の任用については、茨城県の場合、児童福祉司を養成する学校などの卒業生を専門職として採用する計画はなく、児童福祉とはまったく関係のない部署から配属されることもあり、平均経験年数は三・八年である。

この傷害致死事件の初公判が一九九九年一二月九日、水戸地裁（松尾昭一裁判長）で開かれ、三人

年（平成11年）　11月2日　火曜日　（日刊）

児童虐待の相談 8年で6倍に

深刻化、「親権喪失」も急増

厚生省まとめ　昨年度6932件

1998年度中に全国174カ所の児童相談所に寄せられた児童虐待に関する相談件数は前年度から1500件以上増え、過去最高の6932件に達したことが1日、厚生省のまとめで分かった。調査を開始した90年度に比べ6倍以上に増えている。目に余る虐待があった場合に児童相談所長から家庭裁判所に請求する「親権喪失宣告」も、前年の3件から9件（承認は2件）に急増し、児童虐待が深刻化していることをうかがわせる。

虐待内容別の相談件数は「身体的な暴行」が3673件（53・0％）▽食事を与えなかったり病気を放置する「保護の怠慢・拒否」2109件（30・4％）▽「心理的虐待」650件（9・4％）▽「性的暴行」396件（5・7％）などとなっている。

虐待された児童を年齢別に見ると小学生が最も多く2537人（36・6％）。次いで「3歳～就学前児童」1867人（26・9％）▽「0～3歳未満」1235人（17・8％）の順になっている。

虐待した人は「実母」が3821人（55・1％）で最も多い。次いで「実父」1910人（27・6％）▽養父など「実父以外の父」570人（8・2％）▽同居する兄弟ら「その他」436人（6・3％）となっている。

虐待の原因について、全国児童相談所長会が96年度にまとめた調査では「経済的に困難」「親族、友人らから孤立して相談できない」「夫婦不和」「育児への嫌悪感」などが挙げられている。虐待の実数は、相談件数より実際はもっと多いとみられている。

相談件数の伸び率が高かった千葉県や島根県、福岡市などに同省が照会したところ、広報活動を積極的に行うなど虐待の通告促進を図っていた。同省は「各地の取り組みが虐待の掘り起こしにつながった面もある」と分析している。

【山科　武司】

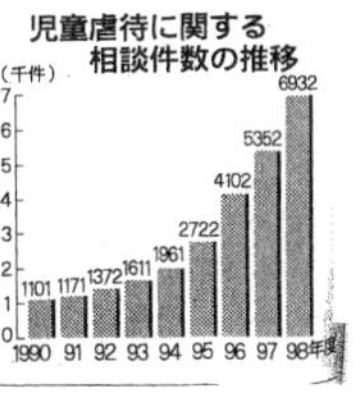

児童虐待の相談件数の急増を報じる毎日新聞（99・11・2付）

は起訴事実を認めたが、父親の弁護人は「ラックに縛りつけた時には現場にいなかった」と主張して、傷害罪で争う姿勢を見せたと、一二月九日付各紙の夕刊は報じている。

その後、二〇〇〇年三月二三日、河合千鶴ちゃんがせっかんを受けて死亡した事件の判決公判が水戸地方裁判所であり、松尾昭一裁判長は「幼い命への思いやりもなく、気の向くままに暴行を加えた行為に酌量の余地はないとして、母親に懲役六年（求刑・懲役八年）、継父に懲役四年六月（同七年）、母親の友人に懲役六年（同八年）の実刑判決が言い渡された。

一九九九年一一月二日、各新聞紙上で大きく取り上げられたのは、「児童虐待」について児童相談所への相談件数が過去最高の数にのぼったというニュースだった。

厚生省のまとめによると、九八年度中に全国の児童相談所に寄せられた児童虐待についての相談件数は「六、九三二件」。

その内訳は――

「身体的暴力」　三、六七三件（53・0％）

「保護の怠慢・拒否」（食事を与えなかったり、病気になっても放置するなど）

二、一〇九件（30・4％）

「心理的虐待」（言葉による暴力など）　六五〇件（9・4％）

「性的虐待」　三九六件（5・7％）

また、虐待された年齢別では――

「小学生」　二、五三七人（36・6％）

「幼児」（三歳～就学前児童）　一、八六七人（29・6％）
「乳幼児」（〇歳～三歳未満）　一、二三五人（17・8％）
虐待の加害者は――
「実母」　三、八二一人（55・1％）
「実父」　一、九一〇人（27・6％）
「血縁のない父母」　七六三人（11・0％）
また、虐待の背景には――
① 親族や隣近所に相談できる人がいない
② 経済的に貧困
③ 親が育児に嫌悪感や拒否感情を抱いている等々
厚生省は、児童虐待の数は、家庭という密室の中で行われていることから、実数をつかむことは難しく、この相談件数はあくまでも〝氷山の一角〟であるとしている。
私が手に入れた、一九九九年一一月一五日付の全国児童相談所長会（会長・大久保隆）の「児童虐待相談に関する調査の結果報告」（一九九九年一一月一一日調査）によると――
「児童虐待相談件数」は、
九八年四月から九九年三月まで　都道府県　六、一八六件
政令指定都市　一、四九二件
（合計）　七、六七八件

表① 平成11年度 児童虐待相談受付件数（速報）及び対10年度比較

	都道府県 政令指定都市	平成11年度 児童虐待相談受付件数（速報）													10年度	対10年度
		4月	5月	6月	7月	8月	9月	10月	11月	12月	1月	2月	3月	合 計	合 計	比較（%）
1	北海道	13	6	10	10	9	14	18	16	15	6	17	19	153	92	166
2	青森県	15	8	10	12	15	7	4	19	24	22	27	9	172	81	212
3	岩手県	10	6	6	6	3	5	4	2	3	3	3	4	55	67	82
4	宮城県	12	6	2	8	9	10	2	9	17	7	15	14	111	39	285
5	秋田県	4	3	6	0	1	8	5	8	2	2	5	4	48	41	117
6	山形県	8	1	1	1	9	3	12	18	9	4	4	15	85	23	370
7	福島県	16	14	22	18	13	15	17	7	8	11	13	9	163	93	175
8	茨城県	16	19	24	37	15	30	32	16	21	15	21	29	275	107	257
9	栃木県	13	4	7	6	13	19	12	11	19	14	16	18	152	135	113
10	群馬県	14	12	28	13	10	16	11	14	7	10	2	14	151	107	141
11	埼玉県	41	52	73	68	46	72	59	53	48	34	65	80	691	367	188
12	千葉県	12	26	29	36	16	36	25	28	19	16	31	28	302	158	191
13	東京都	61	70	153	191	85	138	111	134	74	73	113	113	1316	714	184
14	神奈川県	22	27	33	42	16	26	39	32	23	20	29	75	384	222	173
15	新潟県	6	4	20	22	5	19	11	25	11	16	13	28	180	89	202
16	富山県	6	4	4	10	5	8	6	7	4	3	7	12	76	42	181
17	石川県	6	7	6	4	5	3	17	8	7	3	13	9	88	42	210
18	福井県	2	0	1	1	4	4	4	3	15	3	7	14	58	31	187
19	山梨県	10	7	7	5	8	9	13	4	3	6	5	4	81	75	108
20	長野県	16	8	23	15	14	7	17	7	16	14	9	17	163	148	110
21	岐阜県	7	3	4	20	6	15	8	8	6	8	11	21	117	102	115
22	静岡県	22	28	32	33	26	31	23	21	27	11	34	22	310	293	106
23	愛知県	8	10	19	36	25	12	24	26	8	15	24	37	244	191	128
24	三重県	18	19	13	15	5	18	11	17	16	5	27	29	193	122	158
25	滋賀県	44	42	31	17	14	25	9	20	15	22	18	23	280	150	187
26	京都府	7	10	5	14	5	4	5	6	11	9	8	25	109	55	198
27	大阪府	84	89	120	131	106	109	112	109	99	88	132	146	1325	908	146
28	兵庫県	26	28	54	42	21	30	30	33	27	21	26	37	375	186	202
29	奈良県	14	4	11	13	6	14	14	15	11	8	9	8	127	83	153

30	和歌山県	6	2	6	4	6	5	5	2	5	9	7	9	66	57	116
31	鳥取県	1	8	2	1	1	0	0	6	4	4	3	3	33	13	254
32	島根県	19	19	11	6	13	8	8	4	2	4	19	4	117	91	129
33	岡山県	6	11	19	14	7	11	16	20	15	23	7	16	165	120	138
34	広島県	15	21	12	32	20	34	22	14	8	12	14	22	226	149	152
35	山口県	7	14	17	11	7	2	3	0	14	5	6	11	97	51	190
36	徳島県	4	8	5	6	6	7	4	6	5	6	10	9	76	63	121
37	香川県	14	8	6	14	14	23	18	13	15	7	12	14	158	75	211
38	愛媛県	6	8	7	6	3	7	15	16	2	2	14	6	92	17	541
39	高知県	4	4	3	3	0	8	2	5	5	2	8	3	47	35	134
40	福岡県	46	24	23	22	12	17	22	16	22	22	41	67	334	275	121
41	佐賀県	8	1	2	4	2	4	1	6	3	2	7	3	43	18	239
42	長崎県	4	7	12	9	9	10	11	11	17	6	13	12	121	62	195
43	熊本県	8	9	15	13	12	4	12	6	10	2	8	9	108	64	169
44	大分県	14	17	20	9	10	32	7	11	9	11	14	12	166	115	144
45	宮崎県	6	9	22	10	2	7	10	10	12	9	16	6	119	76	157
46	鹿児島県	3	3	2	4	3	4	6	8	4	3	5	11	56	27	207
47	沖縄県	13	14	21	25	16	14	28	11	26	13	24	18	223	115	194
1	札幌市	23	6	6	4	9	5	10	18	11	3	13	14	122	125	98
2	仙台市	46	7	22	18	14	16	11	5	18	4	17	9	187	120	156
3	千葉市	6	3	18	6	2	1	2	5	6	5	10	4	68	47	145
4	横浜市	33	28	36	47	64	57	40	46	29	39	42	49	510	340	150
5	川崎市	5	7	16	11	11	12	3	15	9	11	12	40	152	131	116
6	名古屋市	15	14	26	20	21	24	21	29	26	36	24	38	294	165	178
7	大阪市	15	17	23	20	17	23	21	21	19	26	21	17	240	153	157
8	京都市	17	9	8	27	14	19	16	13	8	9	7	15	162	57	284
9	神戸市	10	7	11	10	5	7	14	20	23	12	13	11	143	61	234
10	広島市	8	6	4	17	5	17	13	4	11	7	10	26	128	82	156
11	北九州市	6	5	13	8	2	9	23	22	28	20	26	21	183	124	148
12	福岡市	14	5	15	15	17	12	11	2	15	10	16	22	154	87	177
都道府県計		717	704	959	1019	658	904	845	841	743	611	932	1098	10031	6186	162
政令指定都市計		198	114	198	203	181	202	185	200	203	182	211	266	2343	1492	157
合　計		915	818	1157	1222	839	1106	1030	1041	946	793	1143	1364	12374	7678	161

九九年四月から九月まで

都道府県	四、九六二件
政令指定都市	一、〇九六件
（合計）	六、〇五八件

その後、二〇〇〇年六月一七日付の新聞で発表された、児童相談所が受け付けた九九年度の子ども虐待の相談件数は、一万二三七四件と前年度の七、六七八件の一・六倍にも増えた。

表①の「平成11年度　児童虐待相談受付件数（速報）及び10年度比較」を見ると、「大阪府」が一、三二六件で一位、「東京都」が一、三一六件で二位、「埼玉県」が六九一件で三位。政令指定都市では、「横浜市」が五一〇件で一番多い。全国で相談件数が少ないのは「鳥取県」が三三件、「佐賀県」が四三件、「高知県」が四七件である。

私が住む神奈川県（横浜・川崎市を含む）の相談件数は九五〇件で、九八年度の一・六倍にもなっている。

児童虐待防止法が二〇〇〇年一一月に施行されると、相談件数はさらに増えることが予想され、また今後は親と分離して児童養護施設に子どもを入所させるケースも増えるとみこまれる。そのため、児童相談所や児童養護施設の整備がなかなか進まない現状の改善のために全国児童相談所長会は、二〇〇〇年六月一六日に東京で開かれた全国会議で①児童福祉司の増員②児童養護施設の職員数や部屋の大きさなど最低基準の見直し③児童養護施設への常勤の心理判定員の配置などを国に求める要望書をまとめた。

神奈川県立中央児童相談所

私の住む神奈川県の中央児童相談所を見学、取材させていただく機会を得た。一九九九年一一月の秋の午後である。場所は小田急線六合日大前駅を降りて送迎車で五分。藤沢市亀井野にある。敷地面積一万二、〇〇〇平方メートル。

門には「神奈川県中央児童相談所」と並んで「神奈川県立総合療育相談センター」の二つの文字が。そう、ここは「福祉と医療」が連携して一九九五年に設置された建物なのである。

総合療育相談センターは旧障害者更生相談所と肢体不自由児施設(ゆうかり園)の機能を統合し、中央児童相談所と一体化することによって、児童に関するあらゆる相談、身体障害者及び知的に障害のある方に対する相談、判定、指導、訓練の実施と、市町村等への支援を行うことを目的として設立された。

中央児童相談所は、事業的には総合療育相談センター管轄の「障害支援部」「福祉医療部」と並んで「子ども家庭部」などを管轄していると言ったらいいのだろうか。児童健全育成相談(相談事業から一時保護、自立支援など)と障害児相談(発達相談など)、地域支援(子どもサポート・ネットワークなど)、電話相談(子ども家庭一一〇番)などの活動部門を担っている。

「つまり、子どもの発達にとって切っても切れない関係にある福祉と医療を一つにまとめたものがこの建物なのです。これだけの設備が整っているのはここだけではないでしょうか」と話して下さったのは、当時、中央児童相談所副所長兼総合療育相談センター子ども家庭部長の大野氏。大野氏は、この建物の建設準備室の一員として深くかかわられた方である。

「ともかく、同じ建物の中に入院ベッドがあって所長が一人で連携をとってやっているところは神

（上）　小田急線六合日大前にある神奈川県中央児童相談所
（下）　「箱庭」療法をする部屋。テーブルの上の箱の中の白い砂の上に好きな表現をする

奈川県だけではないでしょうか」とも。お会いした内藤佳次所長（当時）の名刺の肩書にも神奈川県立総合療育相談センター兼神奈川県中央児童相談所の文字が。内藤所長は医師でもある。

さっそく大野氏に案内されて建物の中を見てまわる。

一階は玄関を入ると中央の診療（病棟）エリアをはさんで向かって左側が事務室（共用）と児童相談所エリア、右側に一時保護エリアがある。

児童相談エリアは、さまざまな子どもの相談や障害相談、カウンセリングや家庭支援などの相談を受けるため、画一的な部屋ではなく、親子が心を開きリラックスして相談できるよう、そのニーズに合わせて様々な部屋が用意されている。そのいくつかを写真でも紹介するが、机とイスの部屋であっても、机が丸かったり、四角であったり、なかには障害児のために和室で和机やじゅうたんの部屋もある。相談室はみんなで七室。各々の部屋の壁紙やカーテン、窓のかたち、置かれているおもちゃも違う。

いま、子ども虐待の子どもたちの心の傷を癒すために、厚生省も一九九九年度の第二次補正予算（約一億円）で全国約一、〇〇〇カ所の児童養護施設に導入する予定の「箱庭療法」の部屋もある。

「箱庭療法」とは、小野判定養護課長（当時）によると、一九二九年にイギリスのローエンフェルトによって生みだされた心理療法の一方法で、日本では一九六五年に河合隼雄氏によって紹介されて以後、広く使われている。

「中央児童相談所ではここの建物に移る以前から使われていた療法で、ここにある小さなおもちゃも全部いままでに揃えてきたものです。

箱庭療法は、箱の中の砂の上に『おもちゃを使って、好きなものをつくっていいよ』と言って、黙って子どもが（自分を）表現するものを受けとめる。すると子どもは『自分を受けとめてくれる』人がいることに安心をする。そして、子どもは（自分の）心の傷を癒しながら自己表現することで自己決定能力やコントロールする力を身につけていく、とでも言いましょうか」と、素人の私向けに説明して下さった。

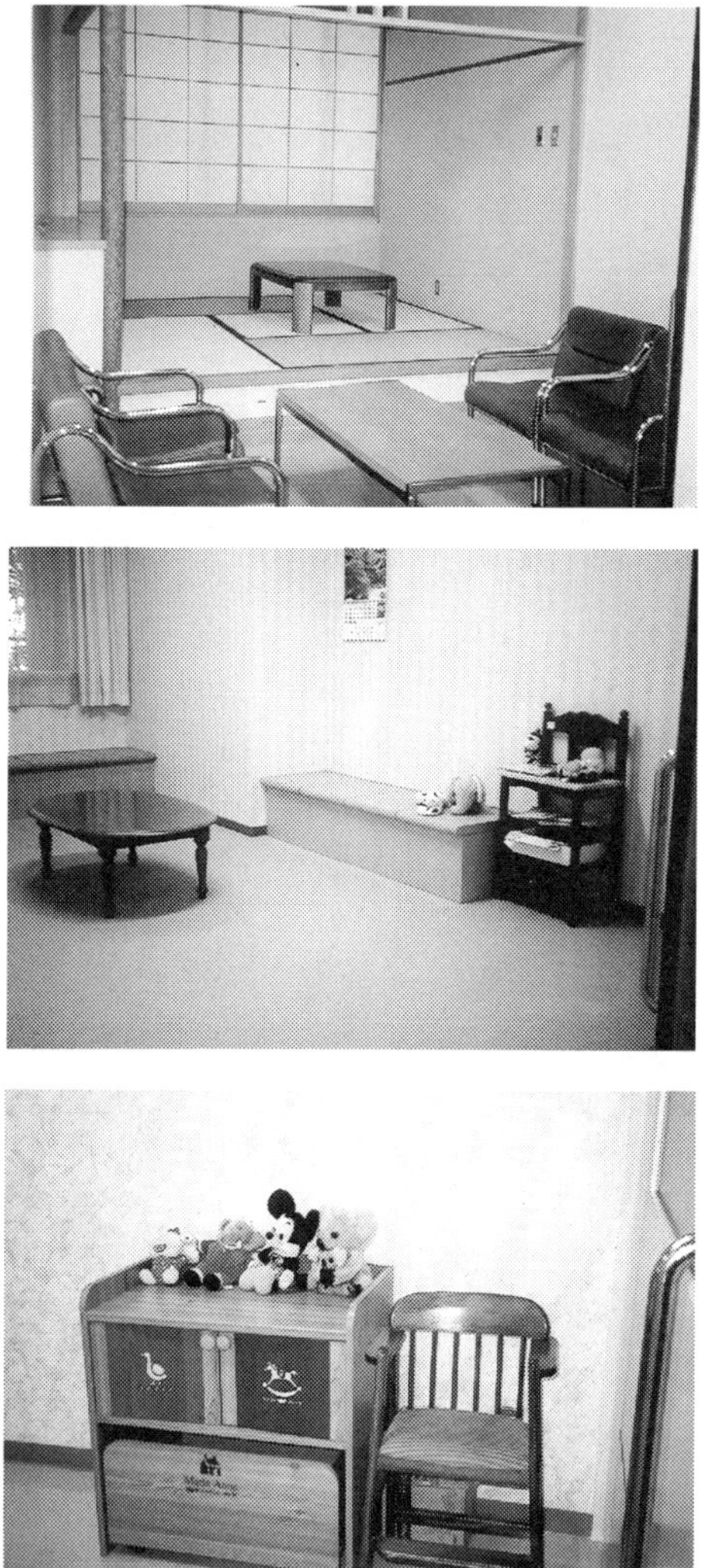

一室一室が違うつくりでできた児童相談エリア

一九九八年度の神奈川県児童相談所事業概要によると、「児童相談」は、面接相談の五、五四八件、電話相談の五、二五一件である。相談内容のうち「養護相談」の約半数近くが三歳未満の乳幼児に多く、虐待相談受付は六〇件で、その内訳は、「放任・拒否」が三〇件、「身体的虐待」が一八件、「心理的虐待」が八件、「性的虐待」が二件、「登校禁止」が二件となっている。

「カウンセリングも、子どもだけではなく、親がイライラして落ち着かない、と言えば診察してみますか？ということも言えて、親の治療もここで出来るという点では診療エリアがあることも有利ですね」と大野氏。

「一時保護エリア」は、一時保護所と呼ばれる場所で、一九九四年度（平成六年度）から増加傾向にあり、九八年度は三四一人で、六八人（二〇％）の被虐待児が含まれている。そのうち施設入所（里親委託・施設復帰を含む）は一三五人（四〇％）である。九九年度は三六八人で被虐待児は一三五人、割合でいけば約三七％。

「一時保護所は子どもにとって毎日が日曜日。ここは安心して生活できる場所だよ、大人が信頼できる場所だよって、子どもにメッセージして、食事、入浴、睡眠を保障します。

一時保護所へやって来る子どもたちは、このおじさんはどういう人か？　とまず考える。被虐待児であれば、大人不信に陥っているわけですから、ともかく不信感をどうぬぐえるかというのが私たちの仕事ですね」と一時保護所について大野さんに説明してもらう。

「一時保護」については——

「児童福祉法第二七条で知事の権限となっています」

一九九九年一一月一七日に厚生省がまとめた児童相談所における「児童虐待相談の処理状況報告」、（参考資料1）によると、児童相談所が虐待の事実を知って子どもの救済に乗り出しながら死亡した事例が八件あったと報道している。そのうち六件は、保護者を指導中か、指導を終えた後に子どもが亡くなっている。また、八件とも子どもを親から一時的に離す「一時保護」の措置がとられていなかった。報告の「事例8」を紹介すると、

「大阪市」（初期対応、情報収集中の事件）
○相談の経路
　保育園の他の保護者から通報
○虐待の状況
　タバコによる火傷跡、顔面の打撲傷が、二カ月前からみられた。死因は、急性腹膜炎（胃破裂）
○家族構成
・実父、実母、本児（三歳女児）、弟
（同区内に母方祖父母居住、つきあい有）
○児童相談所の対応状況
　保育所の他の保護者から通告受理。同日、保育所に電話で、本児の状況を聞き取り。四日後、保育所長と面接、さらに六日後、保健所と今後の指導方針について協議、周辺情報の収集を

行っていた。

翌月本児死亡

大野氏も、

「〝一時保護〟については、まず親と敵対関係になるのではなく、親の養育援助をしながら親との間に良好な関係をつくっていく。例えば、父子家庭であれば『お父さん一人でよく世話されていますね』と関係をつくりながら『大変なときは私たちが一時お手伝いしますよ』と、一時保護を申し出る。子どもにとっては、虐待する親であっても、愛してほしい親なのですよ。

しかし、親との関係ができない間に虐待が続けられて、子どもの生命や安全が危うくされるおそれがある場合、また親との関係を待っていては子どもの安全が危うい時は、親から引き離して子どもを守る。

私たちは、虐待のケースが通告されると、何はさておき、現地に複数で飛んで行きます。いつでも待機していると言ったらいいでしょうか。

ともかく、虐待の通報が来れば、すぐ行く！　という体制をとっているのですが、介入と言って、親から子どもを引き離す行為が本当に子どもにとって将来的にもいいことなのか、在宅のまま親を指導しながら子どもの安全をはかるのがいいのか、ケースによって違うわけですが、難しいですね」

職員は？

「この仕事は知識だけでなく熱心で誠実さがないとダメなのです。職員は、所長、副所長の他、児童福祉司一〇人、児童相談員五人、児童指導員九人、心理判定員五人、保育士三人などで計三四人。非常勤職員としては医師三人、電話相談員四人などで計七人です」

二階には、福祉医療の場として障害相談エリア、機能訓練エリア、早期療育エリア、診療（外来）エリア、診療（手術・検査）エリアがある。他に「自立のやかた」と呼ばれる自立支援エリアがある。

私がうかがった時は夕方だったためか、障害児の方たちにボランティアや家族（家族宿泊室もある）の人たちが夕食を食べさせている姿が見えた。ここに入院している子どもたちのための「訪問学級」もあって、「医療だけではなく教育の場でもあるのですよ」と説明を受けた。

――「自立のやかた」については？

「一九九六年から児童福祉法第三三条（注3）に基づく一時保護として『思春期生活支援事業』の名称で設立されたもので、神奈川県独自の事業です。

定員一五名（男子八名、女子七名）で、対象は思春期以降で一八歳未満の不登校状態の児童や、就労援助の必要な児童、施設での生活がうまくいかない児童等、個別援助を行いながら自立を促進することが目的です。

期間は三カ月以内の設定をしていますが、九八年度の入所状況は、男子四一人と女子二〇人の計六一人です。

〝自立のやかた〟の名称は、ある子どもが退所する時『ここは自立のやかただ！』と叫び、それが通称となりました」

『自立のやかた』のパンフレットの表紙には「子どもの出発（たびだち）手伝います」と書かれて

いる。子どもたちは、各々にかかえているひきこもりや不登校、家庭や学校などへの不適応の解決をめざして、自立のやかたへやって来る。自立のやかたには、子どもたちの状況に合わせて、児童指導員のほか、心理学、医師などの専門スタッフがいて、本人と相談しながらプログラムを作成し、それに沿って生活をする。

「不登校の子どもの場合でも医療が必要なケースもあるわけです。だから、この建物の意義も生きるわけです」と大野氏。

「子どもたちが悩んでいるものを交通整理する手伝いは出来ても、最終的に解決するのは子ども自身。自己決定が基本なわけです。自立のやかたは、自己決定能力を育てる場ということが言えますね」と。

自立のやかたの日課は、午前七時に起床、洗面、清掃した後、七時半からジョギング、八時から朝食。九時の朝礼の後は、学習グループと就労グループに別れて各々に基礎教科学習をしたり、職場開拓などの時間を午後六時の夕食まで過ごす。夕食後は入浴、洗濯、グループミーティングをした後、日記を書いて午後一一時には入室、消灯となる。

自立のやかたでは、社会に出て行った時に必要となる対人関係を円滑にしていくための模擬訓練である「ソーシャル・スキル・トレーニング」を取り入れている。このトレーニングは、一九七〇年にロバート・リバーマンによって開発されたもので、欧米においては薬物療法と同じくらい必要な治療法として用いられている。この療法は、それまで他の人と関わりを求めたいのに、それができずに自分を傷つけてしまう子どもが、関わり方をトレーニソグすることで自己決定能力を身に付けていくことが出来ることをめざしている。（参照「紀要　Ｖｏｌ２・神奈川県思春期生活支援事業における社会的技能訓練（ソーシャル・スキル・トレーニング）の実践～パート１～」）

三階は会議・研修エリアで、研修や情報提供の場として関係職員の研修や、児童や障害のある人たちの権利擁護についての情報が発信されている。

短時間だったが、駆けめぐるようにして建物を見学、そして大野氏と小野氏からお話をうかがって、私は少々、頭が混乱するほどだった。

神奈川県には中央児童相談所の他、横須賀と小田原、相模原、厚木の五つの児童相談所がある。その他、政令指定都市の横浜市と川崎市にも各々児童相談所がある。その各児童相談所への相談電話や通報によって子ども虐待が認知されると、〝直ちに出動！〟と職員が現場に駆けつける。まさに、児童相談所は子ども虐待の前線基地である。親を支援しながら子どものケアをし、子どもの生命や安全がおびやかされると判断すれば介入して、子どもを一時保護して子どもを心身共に癒して、子どもの将来について判断の一助を担う。

小野氏の、

「時どき、子どもたちを全員社会の子どもとしてイスラエルのキブツのように育てたらどうだろうかと思います」という言葉に、児童相談所の職員の悲鳴のようなものさえ感じられた。一九九一年から一九九八年の八年間で虐待の相談件数は六倍に急増している。全国一七四カ所の児童相談所で働く児童福祉司約一、二〇〇人に日本子ども家庭総合研究所が一九九九年秋に調査した結果も「現状の体制では十分に対応できない！」と答えている。

帰り際の小野氏の言葉「子どもは国の力なのに……」は、深く私の胸に突き刺さった。児童相談所の判断や対応の悪さを批判することは易しいが、子ども虐待から子どもを救うために最前線に位置している児童相談所について、例えば国家資格の社会福祉士などの専門職員の配置や職員を増員などする方が急務だろう。

一九九九年六月六日付の毎日新聞によると、虐待が急増している中、都道府県・政令都市の六割が財政難を理由に九九年度の事業費や運営費を前年より削減していると報じている。一九九九年三月の厚生省の調査でも、虐待の連絡を受けても迅速に対応できない児童相談所が全体の三割にも上っているにもかかわらず、である。

神奈川県では五カ所の児童相談所で計約一、七〇〇万円削られている。埼玉県では六カ所の児童相談所の事業・運営費が計一億一、六九六万円なのに、サッカーのワールドカップ推進事業費が九、五〇〇万円である。東京都や千葉市でも一、〇〇〇万円単位で削減されている。子どもを守ることの重要性を考えるならば、児童福祉にもっと予算をまわす必要がある。

国も児童相談所の機能を補う目的を持つ「児童家庭支援センター」事業を一九九八年度から始めたが、一九九九年一一月現在、全国で一一カ所にとどまっている。

専門家は、児童家庭支援センターを全国五〇〇カ所に設け、社会福祉司を配置して児童相談所と連携する必要があると説く。

平成一二年度の厚生省（児童家庭局）の「児童福祉関係予算概算要求の概要」によると、「児童虐待防止施策の充実」予算は平成一一年度の四億八、三〇〇万円から九億七〇〇万円と伸びている。児童相談所関連で言えば「児童相談所に児童虐待対応協力員を配置」が一億七、〇〇〇万円、また「児童家庭支援センターの拡大（二五カ所→四〇カ所）」として一億六、二〇〇万円などである。

ある児童相談所の一時保護所で

オウム真理教に関する報道を聞く度に私はオウム真理教のサティアン（施設）に保護された信者の子どもたちのことを思い出して胸が痛む。テレビに映された子どもたちは頭部にヘッドギアと呼ばれる金属製のものを被らされていた。子どもたちは児童相談所の一時保護所に保護されたが、その後どうなったのだろう。

そんな私の思いに答えるように一九九九年六月八日付の朝日新聞の「声」欄に、東京都の福祉関係施設職員の「胸痛む思い出　オウムの子ら」と題しての寄稿を見つけた。そこには、サティアンから保護された子どもたち五人が施設（たぶん、児童養護施設だろう）で約一年間暮らした後、各々が親の実家に引き取られていったとのことだった。しかし、子どもたちがオウムで暮らした幼少時の体験は子どもたち一人ひとりに大きな影響を与えていたと書かれている。これは、この二〇〇〇年一月で満五年を迎える阪神大震災で、特に子どもたちに顕著な〝傷ついたこころ〟の問題と、そのケアについて現在も社会問題となっていることと無関係ではないだろう。

そして、オウム真理教に子どもを連れて入信した母親の背景に女性差別や経済効率優先の社会の存在があると、この施設の職員は述べている。具体的には母親の多くに離婚や夫からの暴力に苦しみ、生活費にも事欠く生活の中で、相談する人も頼りにする人もいないといった状況のところへ、彼女らを必要とするオウム真理教の存在があったのではないか、と。

オウム真理教に入信したのは親たちで、子どもたちではない。子どもたちへの虐待は、子どもの問題ではなく、親や保護者の問題なのだと考え始めていた時に、一九九九年の秋、千葉県成田市のホテルでミイラ化した遺体が見つかった事件で、千葉県警が「ライフスペース」（自己啓発セミナー会社）の関連施設で強制家宅捜索した際に、九人の子どもが保護されたというニュースに接した。

「ライフスペース」とは、一九八三年に代表の高橋弘二氏（六二歳）が、経営コンサルタント会社をセミナー開催会社に衣替えして「ベーシック」「アドバンス」「リーダーシップ」という三つの自己啓発セミナーを中心にバブル経済を背景に大きくなってきた会社で、多額な参加費を集めることで参加者から自殺者が出たりトラブルが発生したりで、数年前から問題視されていた組織である。

そして、このライフスペースの関連団体「ＳＰＧＦ」（シャクティパットグル・ファンデーション）の施設二カ所で九歳から一七歳までの九人の子どもたちが発見されたのである。小学生三人がいた東京・新宿区内のマンションにはほかに大人四人がいたのに、寝具は大人用の敷布団一組だけ。冷蔵庫はからっぽ。児童相談所の一時保護所に保護された子どもたちは空腹を訴え、サンドイッチと野菜スープを食べた。

子ども虐待とひと口に言っても、いろいろある。第一章で、一九九九年七月に厚生省が出した「児童虐待の定義」を紹介したが、大きく「身体的虐待」「性的虐待」「心理的虐待」「ネグレクト」の四つの内容で分ければ、オウム真理教やライフスペースにおける子どもの処遇は、食事を満足に与えず、一室に拘束するなどの「身体的虐待」と「ネグレクト」、それに「心理的虐待」にあたるのだろうか。また学校に通わせない「登校禁止」は「ネグレクト」に分類されることが多いが、このケースでは「登校禁止」も加わる。

私には、なぜ主婦が新興宗教に走るのかを追った「主婦を魅する新宗教」（谷沢書房）や、どうして若者たちが新しい宗教に魅せられていくのかという「新興宗教ブームと女性」（新評論）の著書があるが、親たちが入信することで子どもたちが強制的に一つの宗教や団体・組織に組み込まれていくことで受ける子ども虐待について考え込まされた。

そこで私は、お願いしてある児童相談所の一時保護所に体験取材をさせていただいた。午後五時から翌朝の一〇時半までという短かい時間だったが、私にとっては貴重な体験だった。子どもたちのプライバシーの問題もあるので、その地名をあかすことは出来ないが、どちらかと言えば都市部の児童相談所である。

一時保護所とは、児童相談所に併設されている施設で、その多くは保護者からの依頼であるが、警察や福祉事務所、学校などからの依頼で子どもを一年三六五日、二四時間体制で受け入れ「生活を共にする場所」である。

一時保護の目的は、『児童相談所で出会った子どもたち』（ミネルヴァ書房）によると、「緊急保護」「行動観察」「短期治療」などで、緊急保護について言えば、捨て子や家出などにより適当な保護者や宿所がないことや、虐待、放任などで家庭から一時引き離さなければならない場合、また子どもの行動が自己や他人に危害を及ぼしたり、そのおそれがあるときとなっている。

児童相談所の一時保護所にいま関心が集まっているのは、子ども虐待で児童相談所が介入して虐待している親や保護者から子どもを緊急に保護する時期を見誤ると、子どもを死にまで追いやってしまうケースが現実に増えているからだろう。その理由は茨城県の例で少しふれたが、ここ一年ほど児童相談所と子ども虐特についての関係が少しずつ知られ始めたことも大きな原因の一つだと思う。

私が取材をさせていただいた児童相談所の一時保護所について紹介したい。

定員三〇人の保護所には七名（男性四名、女性三名）の職員。

私も六時からの夕食を共にするところから子どもと一緒の生活が始まった。

窓際の水槽に魚が泳いでいる食堂で、大きな二つのテーブルを各々に囲むように職員もテーブル毎に一名ずつ入っての食事。コーンと卵のおすましに春巻きとサラダ。それに里いもなどの野菜の煮付け。私がテーブルに着くと、同じテーブルの小学校一年生のA君が立ち上がって小さなアルミの急須にポットからお湯をそそぎ急須をゆすってから私の湯呑み茶碗にお茶をそそいでくれた。

思わず、ありがとうと微笑みかけてしまう程の人懐っこい態度にびっくり。

「おばさん、どこに住んでいるの？　歳はいくつ？」と矢継ぎ早に声をかけられる。

後で職員に聞くと、A君は精神を病む母親との二人暮らし。母親からの虐待が始まると、近くに住むおばあちゃんの家へ逃げる。おばあちゃんに可愛がられて逃げ場があるのが彼にとっては大きな救いになっているとのこと。その話を聞いて、彼の動作に納得！　近所の人たちもA君のことをいつも目にかけて、虐待のひどい時は児童相談所に通報。今回、彼が一時保護所に来たのは、母親が入院治療のため。「彼は恵まれていますよ」と。近隣の人たちがいつもA君を見守り、いざという時には児童相談所に相談をして彼のことを案じている環境があることを知る。しかし、夕食後、みんなが集まるラウンジで背中におぶさるように身体を強くぶつけてきた時にちらりと見えた腹部の火傷の痕……。タバコの火を押しつけられたのだろうか。

職員にテーブルの上の小さな花瓶の花を取ってもらい髪に飾ってもらいながらゆっくり食べているのは、三歳のB子ちゃん。あごにカギ裂き状の傷痕がうっすらと残っている。くるくるした瞳で私を見ながら、時々上目づかいに職員を見て口に箸を運ぶ。オカッパ頭の彼女は日本人形のように愛くるしい。私にも一歳から一〇歳までの四人の孫娘がいるが、親から離れて一時保護所で生活する環境にいる彼女に、つい目が行ってしまう。夕食後のラウンジでも私に一番まとわりついてきたのは、彼女だった。

赤色と黒色のジャンパーを各々に着た小学六年生と中学一年生のC君とD君は食事の時もそれ以外でもいつも連れ立っていて、自分たちのことを「赤オニ黒オニ」と呼ぶのだと教えたくれた。

一時保護所とは、ひと口に言って「子どもを緊急保護し、次の処遇が決まるまでの間、生活させる場所」である。だから、子どもたちの日常生活を援助するために、児童指導員、保育士、栄養士、調理員などが配置されている。

「『安心して、生活する場所だよ』と子どもたちにまず言いますね」とは職員の言葉。

「一時保護所にはいろいろな子どもが来ます。お母さんが出産や病気で養育できない子どもや、身体的、精神的、性的に親から危害を加えられたり、食事や医療を満足に与えられない子どもたち。最近は子ども虐待のケースが多く、病院から直接、ここに来る子もいます」

病院から？

「小さい子に多いのですが、病院にかつぎこまれて医師や看護婦などから虐待ではないかと警察や児童相談所に通報が来て、ケガが癒えた後に親や保護者から一時離した方がいいとなった子どもたちがここへ直接来るわけです」

その他には？

「最近増えているのは、麻薬や覚醒剤の常用で収監される母親や、アルコール中毒や精神疾患で入院する母親のケースも少なくないですね。なかには、わずかですが、迷子のケースで夜になっても保護者が見つからないといった子どももここで保護します」

二歳から一八歳未満の子どもたちが、ここで生活をする。各々ひとりひとりが違った理由で一時保護所にやって来る。子ども虐待の子どもであれば、傷ついた羽根（心）を休めるところといったらいいだろうか。だからこそ「まず、安心して生活できる場所だよ」ということになるのだろう。

しかし、一時保護所は家庭と違い、集団生活をする場所である。だから、そのために守る約束ごとがある。その内容は、外へ出るときは必ず先生（職員）と一緒に。また、各々の部屋には勝手に入らない。子ども同士で物をやり取りしたり、住所交換をしない。一時保護所の日課には必ず参加するなど。最後に、落書きはしない。

「以上の約束で、きちんと守られているのは、不思議なことに各々の部屋へは勝手に入らないという規則なのです。部屋の中ではホッとしたいという気持ちが子どもたちにあるのでしょうか」

ここでの日課は、午前七時に起床（休日は八時）。清掃のあとはジョギング。八時から一〇時まで朝ごはんを食べ、日記をつける。一〇時から一二時まで小学生以上は自分の学力にあったプリント学習（算数と国語）。土曜日は皆で大そうじ。午後は昼食の後、ちょっとお休みして、木工や陶芸、スポーツなどをやる。土曜日はなんと五キロのマラソン。その後、おやつを食べてから、清掃をしたら午後六時の夕食まで自由時間。夕食後は入浴（週四日）。そして、小学生までは九時に就寝。中学生は九時から英語の学習をして、一〇時に就寝。

私も子どもたちに付き合い、朝のジョギングに参加。久しぶりに早朝のジョギングをした結果は、二日後に腰のまわりに筋肉痛といった思わぬおみやげをもらってしまった（アア、歳はとりたくないものです！）。しかし、思わぬ収穫もあった。それは、私と一緒に走ってくれた中学一年生のE君と話が出来たことである。

E君は、母親が病気で入院中のため、父親と二人暮らし。父親が早朝に出勤するため、いつも学校へ行く時間に寝坊してしまい、結局一年以上も学校へ行っていない。

「だから、きちんと朝一人で起きて学校へ行けるようにしたいということでここ（一時保護所）へ来たんです。ここへ来て今日でちょうど二週間目なのですが、やっとこんなに走れるようになったんですよ。最初は走るなんて全然出来なくて歩くのもやっとといった状態だったんです。一年間、家でテレビを見たりテレビゲームをやったりしている間に筋肉が落ちちゃったんですね」

その後、ラウンジでも自動車の本を読んでいる彼と話をしたが、将来の夢は？　と聞くと「サラリーマンかな。自動車関係の仕事に就きたい」と答えてくれた。

やはりラウンジで編み物をしていた中学一年生と中学三年生の姉妹に声をかけたところ、「児童養護施設に行って高校へ行きたいから、勉強をがんばっている」とのことだった。そうだ、ここは一人ひとりの子どもが各々の理由で一時保護所に来ているのだということが実感できて、妙に私は納得？　する思いがした。

一時保護所では、子どもたちにまず安全に生活する場所を提供して落ち着かせ、そのうえで一人ひとりの子どものこれからを選択させる。もちろん、安全に受け入れる家庭が保障されれば親や保護者の許に帰す。母親の出産や病気のために入所した子どもたちは母親が退院すれば家庭にもどる。

しかし、子どもが家庭にもどりたくてももどれないケースもある。中学二年生のF子さんは、父親が再婚して第二の家庭をつくったが、再婚相手の新しい母親とその子ども（同年齢）とうまくいかず、家出を繰り返して一時保護された。彼女は父親が好きで帰宅したいのだが、父親は再婚相手の妻子に気がねして実子である彼女を引き取るのを渋っている。彼女は職員たちが仕事をする事務室に来ては、父親に来てくれるように電話をしてくれと頼む。彼女の口からは「来る、来ると言っては、約束を守らないのだから」という言葉がこぼれるのだが、やはり父親に会いに来てほしくて、連れて帰ってもらいたいと願っているのである。

小学校六年生のG子さんもやはり母親の許に帰りたいのだが、母親は彼女を拒否している。彼女には一歳上の兄と満一歳になる妹がいる。彼女と兄の父親は彼女が幼ない頃に失踪して行方不明。母親は精神を病んで入退院を繰り返している。その度に「お母さんは私だけを捨てる！」と言うが、彼女を児童養護施設に預ける。二年前に同棲した、母親より一〇歳も若い男性との間に妹が生まれたが、彼女が帰宅していた時にその男性が焼身自殺をはかり、入院。母親もショックで入院。彼女は児童養護施設で暮らすが、精神不安定から一時保護所へ。

職員の「さまざまな問題をかかえている子どもと一時保護とは言え、どうかかわっていくか、この仕事は貴重だが、大変な仕事です」という言葉にうなずくしかない。

「集団生活を一度も経ていない子どもたちに、心を癒しながら生活的自立を整えさせ、これから自分がどうしていくかという自立支援をしていくわけです。

一番大変なのは、根に（親・保護者からの）虐待があって子どもたちが心を深く傷つけられていることです。

私たち職員は、多様な子どもたちの基本的人権を守っていくというサービスがどこまで出来るかということだと思うのですが、難しいですね。

ときどき、子どもたちが宇宙人に見えちゃうときがあるのですよ。

子どもをまず全面的に受け入れて安心させるというのが第一歩なのですが、なかなか子どもは心を開いてくれない。特に、いま増えている虐待を受けて来た子どもたちは大人不信に陥っていますから、その壁は厚いわけです。そんな時にどう子どもと接するか、随分悩んだ時期もあったのですが、ある職員から教わった一つのやり方は、〝ナイショが出来るかな〟という、つまり〝君だけ〟という方法があるのです。ちょっとした機会に『これは君と私だけの秘密だよ』という行為をすることで、自分（子ども）は受け入れられていると感じるわけです。たわいないことなのですが、それくらい、虐待を受けてきた子どもたちは心を閉ざし、大人や社会に対して強い不信感を抱いているということが言えるのでしょうか」

虐待の中でも、性的虐特についてはどうだろう。

「性的虐待を受けるのは主に女子ですから、女性職員がこの問題に対面することが多いのですが、ポッと出された時に（職員の）力量が本当に問われますね。全体的には自分の身体を大切にしていこうという指導をしているのですが、性の問題は医師や看護婦の力も借りるようにしています。性的虐待のケースは、性病や妊娠の問題もあって、すぐに病院で検査を受けるようにしているのですが、子どもたちは検査の結果をすごく心配するのです。何でもないと知ると、本当にホッとするのがよくわかります」

性的虐待は生命の危険は少なくとも、心の傷はトラウマ（心的外傷後ストレス障害）となって大きく残る。

虐待を受けた子どもたちに最初にかかかわる一時保護所の職員たち。

「かつて出会った子どもたちが成人して『職員は大変だったろうけれど、私は楽しかったよ』という言葉を聞くと、本当にうれしいですね」と。

私が体験取材をさせていただいた一時保護所の職員たちの勤務体制は、「午前七時半から午後三時半まで」「午前一一時半から午後八時まで」「午後一時半から午後一〇時まで」そして宿直勤務は「午後一〇時から午前七時まで」。宿直は正規職員二名と夜間学生指導員（アルバイト）一名の計三名。午後五時以降の児童相談所への緊急連絡は一時保護所にまわされるため、「虐待のケースでは夜間でもすぐに行かなければならないので、ゆっくり寝るということは出来ないですね」。

一時保護所は子どもたちにとって「安心して生活する場所」だが、職員たちにとってはその場所を二四時間提供することが求められる仕事である。特に、子ども虐待が増えてきている最近は、「一時保護所の定員がオーバーになることが多くて、仕方がない時は児童養護施設の方へ直接お願いすることもあります」という現状がある。

たっぷりの自由時間があって、安全ではあっても閉鎖された一時保護所では、休日にはドライブや崖登り、散歩、サイクリング、海水浴、釣り、山登りなどの行事を用意して、月に一回は、バーベキューなどの野外炊飯やハイキングやみかん狩りなどの野外行事がある。

何より私が驚いたのは、職員たちの事務室は職員の引継ぎ時間を除き子どもたちの出入りは自由で、事務机の上のビニールカバーにはカラーペンの落書きとシールが貼り放題。子どもたちの心をいつでも受け入れてあげたいという職員たちの心遣いなのだろう。

私にとっては初めての体験でショックも大きかったが、一人ひとりの子どもの顔はみんな愛くるしく、短かい時間だったからか、私を優しく迎え入れてくれたことに本当に感謝の言葉を述べて一時保護所のドアを出た。

一時的ではあっても、傷ついた子どもを受け入れ、これからの子どもの生活の場所を各々の子どもの事情や性格などで決めていくという大変な仕事を担う一時保護所の職員たち。

「社会のひずみが弱い立場の子どもに一番にかぶさっていくことを知ってほしい。でも、子どもたちは皆、可愛いですね」という言葉を今も思い出す。

〈注〉

注1　児童福祉法第一一条

〔児童福祉司〕①都道府県は、児童相談所に児童福祉司を置かなければならない。

②児童福祉司は、児童相談所長の命を受けて、児童の保護その他児童の福祉に関する事項について、相談に応じ、専門的技術に基いて必要な指導を行う等児童の福祉増進に努める。

③児童福祉司は、政令の定めるところにより児童相談所長が定める担当区域により、前項の職務を行い、担当区域内の市町村長に協力を求めることができる。

注2　児童福祉法第一一条の二

〔児童福祉司―任用〕児童福祉司は、事務吏員又は技術吏員とし、左の各号の一に該当する者の中から、これを任用しなければならない。

一、厚生大臣の指定する児童福祉司又は児童福祉施設の職員を養成する学校その他の施設を卒業し、又は厚生大臣の指定する講習会の課程を終了した者。

二、学校教育法（昭和二二年法律第二六号）に基く大学又は旧大学令（大正七年勅令第三八八号）に基く大学において、心理学、教育学若しくは社会学を専修する学科又はこれらに相当する課程を修めて卒業した者

三、医師

四、社会福祉主事として、二年以上児童福祉事業に従事した者

五、前各号に準ずる者であって、児童福祉司として必要な学識経験を有するもの

注3　児童福祉法第三三条

〔一時保護〕①児童相談所長は、必要があると認めるときは、第二六条第一項の措置をとるに至るまで、児童に一時保護を加え、又は適当な者に委託して、一時保護を加えさせることができる。

②都道府県知事は、必要があると認めるときは、第二七条第一項又は第二項の措置をとるに至るまで、児童相談所長として、児童に一時保護を加えさせ、又は適当な者に、一時保護を加えることを委託させることができる。

第三章　第二の家庭——児童養護施設

児童養護施設とは

子ども虐待と児童養護施設は、児童相談所と共に切っても切れない関係にある。児童養護施設の成り立ちと、その役割について述べてみたい。

厚生省の「社会福祉施設等調査報告　上巻」（平成九年）によると、児童養護施設の総数は五二六。その内訳は公営が四九、私営が四七七で、圧倒的に私営が多い。私が住む神奈川県でも、児童養護施設二三のうち、公営は横浜市と神奈川県が経営する二施設だけである。

なぜ、児童養護施設は私営が多いのだろうか。

『新しい養護原理（改訂版）』（加藤孝正編著、ミネルヴァ書房）の中の児童福祉施設各論を読むと、日本における児童養護施設の最初は六世紀に四天王寺に聖徳太子が建てた悲田院であるとかかれている。それ以後、仏教的慈善思想に基づく孤児や捨て児に対する救貧事業として行われるようになり、室町時代にはキリスト教の慈善活動として貧困による幼児の救済事業が。そして江戸時代には五人組制度や町会所での孤児や捨て児などの救済として設けられた。

明治時代になると、松方正義によって日田養育館が一八六九年(明治二年)に、一八七九年(明治一二年)に東京福田会の育児院が。そして全国に孤児院が創設されていった。その中でも本格的な養護施設として有名なのは石井十次が創設した岡山孤児院である。この石井十次と、一九一一年(明治四四年)に東京で内務省地方局が開催した「第一回育児協議会」の公式の席上、孤児院のあり方について議論したのが、「鎌倉保育園」(注1)の創設者、佐竹音次郎である。佐竹氏は当時「孤児院」と呼ばれていた施設の名称を「保育園」とした最初の人である。

昭和に入ると「救護法」が公布され、孤児院は救護施設として法的に位置付けられた。

第二次世界大戦は、多くの犠牲者を出したが、その中でも戦災孤児や引揚げ孤児の問題は急を要した。そこで、一九四七年(昭和二二年)に公布されたのが児童福祉法である。名称も「孤児院」から「養護施設」へと改称され、次代を託す児童に対する強い思いがこめられて出発した。

全国養護施設協議会が半世紀を記念して一九九六年に出した「養護施設の半世紀と新たな飛翔」をめくると、養護施設が誕生した一九四七年二月の厚生省の調査によると、一八歳未満の孤児は一二万三、五〇四人で、自力で生きていかなければならない孤児たちは浮浪児として都市に集中した。

一九三九年(昭和一四)生まれの私は、大垣(岐阜県)空襲で家は焼失したが、両親も祖父母も助かって戦災孤児になることはなかったけれど、彼らとは同世代の一人である。戦後すぐの一九四六年、京都へ祖父母に連れられて、ビルマ(現ミャンマー)でのインパール作戦によって一九四四年に戦死した叔父の遺骨を納めに行ったとき、京都駅で見た戦災孤児たちの姿はいまも眼の奥に焼きついている。たばこのピースの空きカンを片手につき出し、はだしでボロボロの服装をしたアカまみれの孤児たちから、持参したおにぎりを少しでも恵んでほしいと口々に言われた、その光景は、いまも私の敗戦後の原風景である。

また、敗戦につづく無条件降伏で、街にあふれたアメリカのGIたち。占領二年目の終わり頃から、新しいカーキ色の軍服に身を包んだ人を父とする金髪や黒い肌の赤ん坊が街々で見かけられるようになった。

父母からその誕生を望まれず、愛されず、祝福されない〝戦争のおとし子〟たちを育てようと決意したのは三菱財閥、岩崎弥太郎の孫娘の沢田美喜さんである。

彼女は、生涯を混血児のために、岩崎家にナースとして尽くしてくれたエリザベス・サンダース夫人が残した基金を元に、その名をとって「エリザベス・サンダース・ホーム」を神奈川県大磯町に創立した。一九四七年二月のことである。この年の一二月に児童福祉法が公布され、養護施設として、現在にいたるまで多くの子どもたちがこのホームで育ち巣立っていった。ブラジルに新天地を求め、移住していった子どもたちや国外への養子縁組も多いことを忘れてはならないだろう。

養護施設は、児童福祉法第七条の児童福祉施設の一つとして規定された。

「乳児を除いて、保護者のない児童、虐待されている児童、その他環境上の養護を要する児童を入所させて、これを擁護することを目的とする施設である」（第四一条）

その後、一九六〇年代の高度経済成長までは、主に経済的貧困による児童が養護施設に入所。しかし、高度経済成長は精神的貧困を生み出すことになり、母親の蒸発や未婚の母などの社会問題がおこり、養育に欠ける児童が入所することが多かった。

現在においては、両親の疾病、サラ金などによる行方不明などに加えて、覚醒剤による服役、また養育拒否や虐待など、児童自身に情緒障害や問題行動などを持つ場合が多くなってきている。

児童福祉法も、一九九七年（平成九年）に改正され、名称も養護施設から「児童養護施設」へと改称され、その目的の内容も変化した。

「児童養護施設は、乳児を除いて、保護者のない児童、虐待されている児童その他環境上養護を要する児童を入所させて、これを養護し、あわせてその自立を支援することを目的とする」（第四一条）（傍線部分が改正個所）

つまり、児童養護を主体とした施設から、児童の治療教育機能とともに自立支援が求められ、その上に家庭をも視野においた〝児童家庭支援〟の役割を担うようになったのである。

そのため、厚生省は、九九年度から全国約五六〇カ所ある児童養護施設のうち、虐待を受けた子どもが一〇人以上いる施設百数十カ所に心理療法ができる専門職員を配置した。

厚生省の調査によると、九七年度に全国の児童相談所に寄せられた相談件数は五、三五二件。そのうち親との隔離が必要な深刻な虐待は約二割。その後の厚生省の報告によると、親から隔離して「施設入所」としたのは一、一六六件の二一・八％で「里親等委託」は三二件の〇・六％である。その他「面接指導」が三、六二二件の六七・七％、「その他」が五三二件の九・九％である。

いま、児童養護施設は、全国どこでも満床と言われている。そして、児童養護施設での〝体罰〟も社会問題の一つとなっている。

その原因はどこにあるのだろうか。

二〇〇〇年五月に成立した「児童虐待の防止等に関する法律」の中にも「児童福祉法の一部改正」で、次のような項目が記された。

「第四十五条に次の一項を加える

児童福祉施設の設置者は、児童福祉施設の設備及び運営についての水準の向上を図ることに勤めるものとする」

児童養護施設が現在、直面している課題について、この章では私なりに述べてみたい。

虐待する親も被害者（A児童養護施設）

都市部のある児童養護施設を取材する機会を得た。子どもたちのプライバシーの問題もあるので、A児童養護施設とでもしておこう。

A児童養護施設は、一九四六年（昭和二三）に施行された児童福祉法に伴い、児童福祉施設となり、現在乳児院も併設してゼロ歳児から高校生までの子どもたちが生活している。五〇周年記念誌を読んでも、戦争で親を亡くした孤児たちが保護（収容）されて生活の場を与えられ、職員や近隣の人たちの好意に支えられて育って巣立って行った初期の頃の子どもたちは、もう定年を迎える年頃になっている。その後の経済復興の中で、家庭で育てられない子どもたちが、また捨て子などの子どもたちが入所。現在は、児童福祉法第二七条一項三号三に基づく児童相談所からの措置で「親がいない子どもは二名だけです」という状態にある。

いま都市部において児童養護施設は満床である。前出（P18）の「児童相談所における児童虐待相談の処理状況報告」でも、虐待、放任等の理由により家庭から一時引き離す必要がある場合の〝一時保護〟では「一時保護委託」のうち、児童養護施設が六六・七％と一番多く、次に乳児院が一三・〇％である。

ここで「乳児院」について少しふれると――

乳児院は、児童福祉法に基づく児童福祉施設で、親の病気などで家庭で養育できない乳児（元来は二歳未満だったが、現在は二、三歳も）預かる施設である。一九九九年七月現在、全国一一四施設で約二、七〇〇人が暮らしている。

一九九九年二月に日本子ども家庭総合研究所（庄司順一福祉臨床担当部長）が調査した結果によると、九七年度に乳児院を退院した計二、七六九人のうち約四分の一に当たる六九三人が入院前に家庭で虐待を受けていた。また一九九九年二月までの五年間に乳児院を退院して家庭にもどった子ども一万三、〇〇〇人余りのうち九一人（〇・七％）が虐待され、そのうち一〇人が死亡している。

A児童養護施設の乳児棟の子どもたちも「約半数が親から虐待を受けて来た子どもたちです」と。

「乳児の場合は全面的に親に頼って生きているので、ミルクを与えられないと死んでしまうし、ベッドに投げられたりすると頭の骨を折ったりして障害児になってしまうこともあって乳児の虐待は深刻……」

厚生省は、一九九九年度、家庭に乳児をもどしてからの虐待防止のため、親と子どものパイプ役になる「家庭支援専門相談員」を置くことを決めたが、九八年度の「被虐待児童の年齢構成」（厚生省報告例）ではゼロ歳から三歳未満が一七・八％（一、二三五人）を占めている。

A児童養護施設の職員の話では、

「昔は親がいない子どもたちがほとんどだったので、安全に暮らせる生活保障をして健やかに育ってくれればと願って育てていたのですが、現在は親からの虐待で子どもたちの心が大揺れに揺れているので職員は子どもへの対応で大変です。

家庭機能が崩壊している中で子どもは育っているので、まずは安心して生活できる場を提供する。ミルクや夕食の御飯が与えられないという家庭で育っているわけですから。

ともかく、暴力もなく、安心して生活できる場で暮らすことで、自分は〝守られている〟と感じる。すると、職員との人間関係も出来てくるわけです。愛されることで自分に対して自信が持てる。一言で言えば簡単なことのようですが、虐待されて大人不信になっている子どもたちと日常生活の中で人間関係をどう造り直していくか、実は大変な仕事を児童養護施設の職員はやっているわけです」

児童養護施設へ子どもを預ける親たちは、どんな親たちが多いのだろうか。

A児童養護施設では、

「覚醒剤で収監されたり、精神を病んで入退院を繰り返している親。外国籍の親も多くなりましたね。それから自分も虐待を受けて育った親。夜中の二時、三時まで子どもを殴ってはスパルタ式で勉強させる父親。父親自身もまた死ぬほど、親から殴られてきた。

そして、三分の一以上でしょうか、増えているのが親になりきれない親たちですね。親自身も家庭でちゃんと愛情をかけられないで育ってきた。つまり、満たされないままに育ってきた親です。この親たちは簡単に離婚して、母親であれば夜の商売に、そしてまた次の男性と同棲。そして子どもを放置して遊びに行ってしまうケースとか……」

読売新聞本社の調査によると、一九九九年一月から九月まで、保護者がネグレクト（保護の怠慢、拒否）で警察当局が捜査した事件は一一件、そのうち九人が死亡している。その内容はパチンコやゲームに親が夢中になって車の中に放置された子どもが熱中症で死亡とか、一歳の女児を家の中に放置したまま四、五日母親が遊び歩いていて近所の人が泣き声に気づき保護されたケースとか、等である。

現在、バブル経済がはじけて以後、リストラなどの雇用不安から家庭内の弱者（子どもたち）への暴力は増加しているのではないか。虐待という行為はなくても、きちんと愛情をかけて子どもを育ててゆく家庭環境は失われつつあるのではないか。

「バブルがはじけて、マンションを追い出され、車で放浪していた家庭が『子どもを学校に通わせられないから預かってほしい』とこちらに来られた方もありますよ」という話もうかがった。

また、一九九九年一一月に東京都文京区で起きた二歳の女児殺害事件（「春奈ちゃん殺害事件」）は、多くの人に専業主婦が閉鎖された空間で子育てをしていることを知らせた。

「高学歴化した女性たちが学校を卒業後社会に進出しても、結婚、出産後も働きつづけられるような社会的環境になく、やむをえず専業主婦として生きざるをえない社会の中で、母性愛神話は母親を苦しめ、『子どもを愛せない！』と電話相談をしてくる。戦後の日本の経済成長を支えてきた〝男は仕事、女は家庭〟という性別役割分業をよしとする日本の社会が変わらない限り、母親と子どもの悲劇は無くならないのではないでしょうか」

「子どもによっては虐待される要素を持っている場合もあります。パワーがあり過ぎる子どもや、夜泣きしたりして育てにくい子ども、親との相性が悪い子もいる。しかし、虐待にまで発展するのは、夫との関係がうまくいってない場合が多いですね。」

一九六〇年代になって、工業化にともなう都市への人口集中は、核家族を生み出して養育の責任が母親だけに背負わされるようになり、「母親——子育て」の図式がつくり出された。それまでのわが国では、子どもは家の子であり村落の子であったので、子育ても母親だけではなく家族みんなで、地域ぐるみでなされてきた。

「いまの母親は、家庭外の人とどうつきあうか悩んでいる人が多く、心の揺れの振幅も大きい。特に、学歴社会で必死になって勉強してきた若いパパやママは人間的に未成熟で、子どもをどう育てていったらいいかわからない人が多い」などの話もA児童養護施設で聞いた。

〝子どもを養育しづらい時代〟であることはわかっても、子どもは日々成長していく。そして、虐待されて育った子どもは、〝親は絶対〟で、自分は汚らわしい、悪い子どもだと自己評価が下がっていく。

一九九八年にWHO（世界保健機構）で「健康」の定義が改定された。それまで「身体的・精神的・社会的」の側面だけだったのが、「スピリチュアリティ（霊性）」がつけ加えられた。このスピリチュアリティとは個人の尊厳を担うものとされている。

子どもへの虐待で言えば「身体的虐待は恐怖感を与え、心理的虐待は屈辱感や無力感を与える」ものだと言われている。

帰り際、所長の「虐待する親も被害者、子も被害者なのですよ」という言葉に、子ども虐待を阻止できない私たちの社会のことを考えると胸が重たくなった。しかし、学校から帰って来はじめた子どもたちの笑顔は明るく、胸に灯がともる思いがした。

ボランティアのカウンセラーでも（B児童養護施設）

「五、六年前から子どもたちが大きく変わってきました」と施設長が語るのは、B児童養護施設。B児童養護施設は、七〇年以上の歴史を持つ、宗教系の施設である。

第二次大戦以前は、貧困家庭子女保護のための施設だったが、戦後、戦争で親を亡くした戦災孤児のための施設となり、一九五一年に児童福祉法による養護施設として認可されて現在にいたっている。

首都圏郊外の住宅地の中に建つB児童養護施設は、敷地約三、六〇〇平方メートルの中にあり、音楽会などができる小ホールや医療舎、厚生舎、図書室棟や職員宿舎などもあり、サッカーやバスケットなどもできる広いグランドもあって、施設の子どもたちと地域の子どもたちとの交流の場にもなっている。

子どもたちが生活する建物の中庭の池には鯉も泳いでいる。

私にとっては、二年前から何度か取材に訪れたB児童養護施設だが〝子ども虐待〟をテーマに訪れた時は、二〇〇〇年四月の春の陽がのどかに池に反射していた。

ここでも、子どもたちのプライバシーの問題があるので、B児童養護施設とした。また、子どもたちの事例も内容が変わらない程度に変えさせていただいた。

まず、B児童養護施設に来る子どもたちの変遷について――。

「戦後すぐは戦争で親を亡くしたり、家庭が貧しくてという子どもたちがほとんどだったのですが、その後は親が離婚したりして養育能力がなかったり、親に捨てられたりの子どもたちでした。最近は、親がいなかったり、経済的に困っている家庭はないのですが、家庭環境が複雑に崩壊した子どもたちが多いですね」

複雑な家庭環境崩壊とは――

「離婚家庭やサラ金などによる家庭崩壊、そして母親の精神疾患で子どもを養育できない家庭ですね。そして、増えているのは、子ども虐待による被虐待児です。

子ども虐待は昔からあったかもしれませんが、家庭内暴力で、一家の柱である父親が暴力をふるう。そして母親から子どもへ。子どもの中でも、だれか一人に集中したりして。男の子が多いですね。ここに来る三分の二以上が男の子という時もあります。親が経済的に困って子どもを捨てるというのではなく、精神的に子どもを捨てるといったらいいのでしょうか」

児童養護施設に来る子どもが変わってきたと言われていますが――

「五、六年前から大きく変わってきたように思えます。虐待された子どもの特徴だと言われていますが、職員を挑発するような態度や言葉が見られます。〝ブッ殺すぞ〟とか、日常的にです。だから、現場は大変なのですよ。でも、子どもの立場に立ってみれば、職員に強がりでも言っていなければ、自分が持たないというか……」

例えば――

「小学校三年生の男子なのですが、両親が覚醒剤の常用者で刑務所へ入退所を繰り返している中で、彼は生まれたわけです。獄中出産です。

彼の両親は親や親戚関係もないので、ここにやって来たのです。親は出所する度に『引き取りたい』と言ってくるのですが、家庭環境が整わないところへ引き取らせるわけにはいかない。児童相談所とも話し合っているのですが、むつかしいケースです。しかし、子どもは『オレは帰れるんだ』と言って他の子に威張るわけです。子どもにとってみれば、攻撃的にしか生きられないのでしょう」

親が覚醒剤常用者というケースは増えてきているのでしょうか

「全体的に増えてきていると思います。二歳と中学一年生の姉妹のケースですが、父親が覚醒剤常用者で、妻にも暴力をふるって、逃げていかれないように頭髪を短く刈ってしまう。子どもも脅えていて、中学生のお姉ちゃんも学校に行っていなかった。住居も転々としていて、小学校六年生の時も年間で七〇日も学校へ行っていない状態だったのです。

小学二年生の男の子のケースでは、父親がここへ連れて来たのですが、この男子の場合は母親が覚醒剤をやっていて、子どもの養育をしないという家庭だったのです」

子どもが健全に育つという家庭環境にはないわけですね――

「そうです。子どもが健全に育つという環境は、まず第一に家庭が安心できる場所であること。そして、衣食住が普通にあたえられることでしょうか。もちろん、親の愛情が基本にあることはあたりまえのことですが。

例えば、食事について言えば、三度三度、決まった時間に食物が与えられるというのが基本だと思うのですが、ここへ来る多くの子どもたちは、親の勝手でスナック菓子や外で買ってきたものを不規則に与えられる。

朝食はサンドイッチしか食べない、その他はスパゲティしか食べないという習慣を持った子どもが入所してきて、大変苦労したこともあります」

施設に入ることで救われる子どももいるわけですね――

「いま、小学校に通っている兄弟がいるのですが、ここへ来た時は大変でした。

地域の人からの通報で児童相談所が保護したケースですが、親が子どもを全然かまわなくて、子どもたちは冬でもノースリーブのボロボロの服を着て、夜中に公園で遊んでいる。そして、アパートのベランダなどに出ている他人の家のじゃがいもやタマネギを生で食べて食事がわりにしていたようなのです。

児童相談所の職員がその子たちの部屋を訪れたところ、足のふみ場もないほどで、子どもたちもフロに入っていないので、髪の毛はベタベタといった状態だったようです。

児童相談所からここへ来た当初は、生活的自立など何にもできていなくて、パンツの中でウンチはする、手づかみで食べる、といった具合でした。でも、職員の熱心なかかわりで、やっと最近は言葉も覚えてお話もできるようになりましたが」

核家族で母親が育児ノイローゼといったケースもありますか――

「ありますよ。お兄ちゃんが多動症児で手がかかるので、つい、三歳半の弟に母親があたってしまったケースなのですが、『お母さんがぎゅっと首をしめたの』とか『お母さんからたたかれた』とか。

このケースは、母親の精神的カウンセリングが必要なので、受けてもらっているのですが、子どもは帰宅する度におかしくなって、チック症状がひどくなるので、帰宅も見合わせようかと児童相談所と相談しているのですが……」

帰宅について――

「親の無い子はほとんどいないので、学校の休日や夏休みなどの休暇のときに帰宅させるのですが、家からここへ帰ってきてからのケアが大変で……。帰宅させるかどうかは児童相談所とも話し合って決めるのですが、現在は帰宅させる子が三分の二、残っている子どもが三分の一弱といったところでしょうか。

小学二年生を頭に年子のきょうだい三人の子どもたちがいるのですが、ここへ帰ってくると必ず喘息とアトピーの症状が出るのですよ。その家庭は、父親が宗教的に凝っていて、母親がぐずぐずしていると、父親が言葉の暴力をふるうといった環境で、ここへ帰ってくると、皆の前で自分たちが見てきた父と母の性行為の話をするんですよ」

それでも、子どもたちは家に帰りたいと――

「そうです。帰りたい！『カップラーメンと水だけしか食べられなくても帰りたい』っていいますね。どんな親でも、子どもは親を慕います。親が一番で親と暮したいと思っています」

ここから親のもとへ引き取られていく子もいるわけですね――

「もちろん、家庭環境が整えば子どもは親のもとへ引き取られていきます。児童相談所と親と私たち施設が話し合って決めるのですが、まず帰省訓練といって二週間ほど試験的に帰省をくり返して、それでうまくいきそうなら親のもとへ引き取らせるようにしています。それでも『なんでも困ったことがあったら、電話してね』『一人で考えないでね』『児童相談所に連絡してもいいのよ』と言って帰します。

中学一年生の女の子のケースですが、母親が再婚して新しい家庭をつくったので引き取りたいと言ってきて、子どもも帰りたいと言うので引き取らせたのですが、心が重いですね」

心が重い？

「中一の女の子ですから、義父からの性的虐待が心配で……。それに、新しい義父との関係や転校先の新しい学校友だちのこととか。彼女には『どうしてもダメなら連絡してね！』といってあるのですが。児童相談所の人にも義父とよく話してもらいました」

親がいないケースも――

「非常に少ないのですが、います。高校三年生の男子で、父親は十年前に死亡、母親は蒸発、きょうだいもいないという家族関係なのです。その上、本人も病身。身内もなければ、愛する人もいない、それに健康がよくないので仕事につくこともできない。希望がないわけですよ。だから『どうせ、誰れも心配してくれないんだから』と……。

かつては、彼のような子どもが入所する虚弱児施設があったのですが、無くなっちゃったので。

いまのところは、彼の体調を見ながら、自動車学校へ通わせられたらと考えているのですが」

外国籍の子どもたちは――

「最近、増えてきています。フィリッピン人の母親と日本人の父親の間にできた無国籍の子どもたちや、ようやく日本語が話せるようになった中国から日本へ働きに来ていて日本でうまれた中国籍の子どもとか。まだ、就学前の子どもたちが多いのですが、社会的な問題がおきてくるのはこれからですね」

施設の職員についての希望は――

「虚弱の子どもも入ってくるので、看護婦さんが常勤でほしいですね。喘息の子どももいて、早朝に薬も飲ませたりしているのですが、看護婦さんがいて下さると本当に助かるのですが。

いま、精神的ケアが必要な子どもがとても多くて、私たちも小さい子どもからイッチョに寝て！と言われて、必ず行ってあげるからと答えるのですが、朝起きてコナカッタ！と言われると、本当につらいですね。寝るときはさびしいですものね。

うちの施設は、きょうだいで入っている件数が多いので、二歳児もいるのですが、やはり一対一でかかわってあげたいと思うのですが、なかなか職員の数が十分でなくてつらいんですよ。担当の職員は親がわりですから。いま、どこの自治体も財政難で、東京都なども一〇パーセントカットと言われていますが、子どもたちにはもっと予算をまわして欲しいと言いたいですね。

それから、厚生省は九九年度から被虐待児が一〇人以上いる児童養護施設にはカウンセラーを一名、非常勤（年額一七〇万円）でつけるようにとしたのですが、現在、うちの施設で児童相談所が被虐待児として措置してきたのは七人だけなのです。私たちは、ここに来る子どもたちは全員、被虐待児だと思っているのですが。

誰か、私たち職員がどのように子どもたちにかかわっていったらいいのか、子どもたちにも心のケアをして下さるボランティアのカウンセラーはいらっしゃいませんかね。お願いしますよ。どなたかいらっしゃったら、紹介して下さい」

以前に訪れたときも、子ども虐待による〝心の傷〟を負った子どもたちへの対応として、「〝心の援助〟しかないですよ。職員はもう『頭悩ませ、心悩ませ』の毎日ですよ」と言われた言葉を思い出した。そして、「預かっている子どもは、国の子どもだと思っていますから」という言葉も。

B児童養護施設では、一人ひとりの子どもにスクラップブックと言って日記や文芸、おこずかい、学習の内容などを毎日書くノートが年に一冊ずつ与えられていて、子どもたちの成長の記録として、また子どもたちの貴重な財産として、施設を出るときに持って出ることになっている。

年間を通して、春はグランドで夜櫻を楽しみ、夏にはキャンプや海水浴、中・高校生は地方のお寺で合宿したり、中庭の池の掃除や木のせん定をした後にはバーベキューを楽しむなど、時にはプロのサッカーチームからの招待で試合見物に行ったりと、さまざまな行事が子どもの心の傷をケアしている。

卒園生は、五、六百人以上にものぼっている。

「大学へ行った子どもたちもいます。結婚して子どもが大学生になっている卒園生もいます。問題は、施設を出てからの子どもたちの将来です。親は当てにできない。自分しか頼りにできない子どもたちに、社会に出てからの判断力をつけさせるために、せめて高校くらいは出てほしい。そのために、子どもたちの勉強には力を入れています。

児童養護施設で育つと、どうしても周囲の人への警戒心が育たなくて、優しい言葉をかけられると、つい騙されてしまうことが多いのです。そこで、地域の人たちやボランティアの人たちなど多くの人とふれ合って社会性を身につけていってもらいたいと思っています。また、小規模ホームで社会的自立に向けて相談援助をする『自立援助ホーム』(注2)も、もっと多くつくってほしいですね」

施設からの帰る道すがらも〝ボランティアのカウンセラーでも〟という言葉が耳を離れなかった。

小さな施設

厚生省は、二〇〇〇年度から「地域小規模化施設の創設」事業を予算化した。この施設は、児童養護施設の分園タイプと里親タイプの二つのタイプがあるが、その形態は定員六人の子どもと二人の親がわりの職員からなるファミリータイプの施設である。この小規模化施設に期待されているのは、児童養護施設では十分に発達の道筋をたどりにくい子どもたちや集団になじめない子どもたちを地域社会の中で家庭的な生活を通して養育していこうというものである。

この地域小規模化施設のタイプは、私が住む横浜市では一七年前の一九八二年から制度化されていて、一九九九年現在、児童養護施設分園型二ホームと里親独立型五ホームがあり、「ファミリー・グループホーム」と呼ばれている。

横浜市は、施設や里親とも違う、新たな社会的児童養護施設機能を持つ施設としてグループホームを位置付けている。施設は教育的・治療的効果が期待できる反面、家庭における日常的な体験を得ることが少なく、里親は家庭での養育で情緒面や精神面の安定は得られるが、専門家ではない里親には難しい問題をかかえた子どもや、対応の難しい実親を持つ子どもの委託は困難である。

グループホームへの対象児童について規定はされていないが、横浜市は次のような子どもをグループホームで養育することを研究会報告書でまとめている。

(1) 乳児期からずっと、安定した家庭体験をもっていない児童で、里親委託も困難な児童。
(2) 被虐待児などのように、一定期間キメ細かな愛情とケアを必要とする児童。
(3) 社会に出る前に、社会性を身につける訓練等の必要な児童。
(4) 里親委託が望ましいが、実の親や子ども自身が里親委託を拒否する場合の児童。
(5) その他集団生活になじまない児童。

このグループホームは、地域の知人、子育ての先輩、子育ての専門家という三つをあわせもった存在として実親家族に対応できる可能性を持つところから、とくに被虐待児の対応が難しいケースなどきめ細かな指導や養育が望まれる場合には、大いに期待される一つの施設のタイプではなかろうか。

私がうかがった里親型タイプのファミリー・グループ−ホームは、静かな新興住宅地に建つ木造二階建てで、芝や植木の手入れもゆきとどいた環境の中で、小学生から高校生まで五人の子どもたちとホームの養育者（夫婦）計七名が生活していた。

アメリカでは大きな児童養護施設は少なく、里親やファミリー・グループホーム型の小規模施設が多いと聞く。日本も従来型から多様な子どものニーズに合わせた施設のあり方が模索され始めたと言っていいだろう。

施設内〝体罰〟

一九九九年の夏も終わりという八月の末、私が住む神奈川県では、児童養護施設「鎌倉保育園」での〝体罰〟についての新聞報道は大きなショックを私たちに与えた。ここ一、二年、子ども虐待が社会問題として取り上げられ、親からの虐待をのがれて、癒しと自立の場であるはずの児童養護施設で〝体罰〟という名の施設内虐待が行われていることが事実なら……という驚きだった。

その後、一一月には神奈川県内の児童養護施設「城山学園」（湯河原町）と、児童自立支援施設「横浜家庭学園」（横浜市）での〝体罰〟が報道された。また、知的障害児施設「くるみ会」（横浜市）での〝体罰〟も。

二〇〇〇年になると、全国紙でも大きく取り上げられた千葉県船橋市の児童養護施設「恩寵園」は、五月二六日に前園長が逮捕されるという事態にまで発展している。

また、神奈川県内の児童養護施設「中心子どもの家」（相模原市）の元職員から、神奈川県社会福祉協議会へ施設内での〝体罰〟について投書が寄せられたことが神奈川新聞（三月六日）に載った。

神奈川新聞によると、神奈川県内での施設での体罰が問題にされだしたきっかけは、一九九七年三月に神奈川県社会福祉協議会（以下、県社協）がまとめた「人権アンケート」からと言われている。

この人権アンケートとは、県社協が九五年度から九六年度にかけて「人権擁護機能のあり方検討会」（委員長・・高山直樹氏）を設置し、社会福祉施設および在宅福祉サービスの実態を人権の視点から調査してまとめた「報告書」のことである。この報告書の「はじめに――人権擁護システムの構築をめざして」の中に、戦後の社会福祉は個人の権利を尊重するという基本理念がかかげられているが、実際にはそれまでの慈善・救貧的な思想を残したままの上下関係のなかでサービス提供が行われている。権利主体がサービスを利用する個人ではなく、社会福祉サービスがその主体になっているのではないかと書かれている。

調査対象になっているのは、「高齢」「障害」「児童」の入所・通所施設三四六施設の施設職員・施設利用者である。その他市区町村社協の六二。

「児童」に関しては、入所の二六施設。

ここで問題になっている「体罰」については、職員の体罰が「ときどきある」（職員）が四七・八％で、他の施設に比べて一番に多い。子どもたちも「いつもある」を加えると五五％である。また「自分以外の人が職員にたたかれたりしたことがある」にいたっては、「いつもある」が五％で、「ときどきある」が八〇％と他の施設を抜いている。

しかし、施設長や職員の意識は「仕方がない」が一七・四％と、これも他の施設に比べて一番多い。

ちなみに、一九九九年八月に出された『子どもが語る施設の暮らし』（明石書店）の中に、「施設での『体罰』」の見出しで女子高校生の一人が書いている。その部分を紹介すると――

「入園した頃、うーん、小学校二、三年生くらいまでは、体罰なんかがあって、圧力で押さえつけ

児童福祉施設で体罰

湯河原の「城山学園」

「懲戒権乱用」

県、改善勧

湯河原町の児童福祉施設「城山学園」（金子益雄園長）
校禁止処分をしていたことが、関係者の話や県の調査
でに、「指導体制が不十分で、児童福祉施設の最低基
づき同園に改善を勧告する方針を固めた。金子園長
は、その通りだと思います。これを機に名誉をば

登校禁止児童対応を欠く

「指導力に問

県は八月ごろから、職員や子どもたちからの聞き取り調査を進めていた。その結果、しつけや指導の範囲

児童への体罰があったとされる城山学園＝湯河原町城堀で

が出れば、指導体制を確立し、職員の一体感をつくって名誉をばん回したい」と

厚生省の児童福祉施設最低基準は「児童を懲戒する権限を乱用してはならない」「児童の生活指導や家

幼児にも容赦なく

鎌倉保育園の体罰問題

報復恐れ口閉ざ

「刑務所のようだった」

「園の話をすると、ぼく殺されちゃうかもしれない…」。母親に体罰について聞かれた少年は、嫌そうな顔をして口を閉ざした。母親に告げることで職員からの〝報復〟が怖かった。鎌倉市内の児童養護施設で、入所児への虐待の実態が二十八日、「かながわ子ども人権審査委員会」の調査で浮き彫りになった。体罰や威嚇を職員はしつけ、指導の一環と解しても、子どもたちにとっては深い傷として残る行為となりかねない。密室の施設内で、一体何が起こっていたのだろうか—。

＝本記1面に

審査委の調査は退園児童、元職員、保護者など関係者二十四人から聞き取っている。抵抗力のない幼児への体罰は深刻さを極める。十歳に満たない、その

鎌倉保育園では28日に夏祭りが行われ、子どもたちが盆踊りを披露

子どもの側

解説　全国的にみても、児童施設内で起きる体罰などの具体的な内容は、施設の密室性が高いため、表面化することはまれだ。日常の人権侵害行為から、子どもの最善の利益を守るため、「懲戒権の乱用」に

種の改善指導が行われたのは初のケースだけに、県の指導内容は国からも注視されることになろう。

県内で児童施設での体罰が問題視されだしたのは、県社会福祉

られるような職員もいました。テレビの前にラインが引かれていて、『そのなかに入っちゃいけない』とか、そんなくだらない決まりを守らないだけで、『一〇〇叩きの罰』とか。顔にマッチの火を近づけられたりしている子も見ました。幼稚園くらいの小さい子で、殴られて吐いちゃうなんてこともあった。

でも、私が小学校の高学年になる頃にはそんなこともまったくなくなりました。職員が変わったせいか、世間が『体罰』はいけない、みたいな感じになってきたからなのか、理由はよくわからないけど」

問題になった「鎌倉保育園」（佐竹順園長）は鎌倉市佐助の社会福祉法人「鎌倉保育の園」が運営している施設で、児童相談所が措置した一八歳以下の子どもたち七八人が生活している。鎌倉保育園は、創立以来百年以上を越す伝統ある施設として神奈川県内では知られている。

この施設での処遇について、一九九九年三月に東京都子どもの権利擁護委員会に相談が寄せられたのが発端で、「かながわ子ども人権審査委員会」（委員長・高橋重宏日本社会事業大学教授）が、五月一二日から二〇日までの計五日間に、子ども人権審査委員と事務局員一名でチームを組み、退所児童、退職職員、保護者、関係者など計二〇名に対し調査を行った。そして、六月九日に、子ども人権審査委員四名と事務局員二名で鎌倉保育園を訪問し調査をした。そしてまとめられたのが「児童養護施設における児童の処遇についての報告書」である。

この報告書によると――

「入所児童に対する体罰」

抵抗力のない幼児にも、ビンタでバーンとたたいたり、けったり、胸をつかまれ後ろに倒されるなどの体罰や、幼児がそそうをすると便器用のタワシでお尻を洗ったり、「おうと物をたべさせる」などの虐待をしている。

これに対して園側は退職した二名の職員が体罰をしたことを認めている。また、尻をたたくなどの体罰はしているが、おうと物を食べさせたりなどしたことはないと否定。

「幸の家（部屋）での児童の処遇」

幸の家とは一九九八年八月から八カ月にわたって、特定女子中・高校生七人を一つの部屋に拘束し、通学と夏季帰宅以外の外出を禁止し、園の行事にも参加させず、手紙も開封し早朝マラソンや清掃などを強いていたというもの。

「退所時における小遣いは園長が与えた金として指導している」

退所時に残金があれば本人に持たせている。私物については、退所時に本人に渡している、としている。しかし、退所児童などからは、残金の引渡しは受けておらず、小遣いも使わないよう指導されたと主張しており、私物も勝手に処分されたという例もある。

審査委員会は、事実確認は双方が対立しているが、小遣いや私物の処分は〝所有権侵害〟にあたるとして、退所時に児童相談所の職員が立ち会うよう指導するという意見。

「進学の制限や登校の禁止について」

園側は、高校進学は私学を含めて全員進学させているとしているが、退所児童らによると、養護学校に行くよう言われたり、服装がだらしないから就職するよう言われた。また、金銭的な準備ができる児童だけが私立高校を許されていた。事実確認として、公立高校に行く学力がなく金銭的援助が保護者にない場合は養護学校行きや就労になっている。審査委員会は、高校進学に不公平な取扱いがあり、児童相談所も協議に臨む必要があると意見。

登校の禁止については、園側はペナルティとして禁止したことはないと主張。しかし、複数児童の証言から、中三女子や高二女子の登校禁止は事実認定できるとして、親権代行者の施設長には義務教育年齢の児童に対して教育を受けさせる義務があること、また、子どもの意思に反して登校を禁止することは〝学習権の侵害〟として、改善を求めるよう意見。

「持ち物検査等について」

園側は、持ち物検査については職員の本来業務として行っており、無断で行う場合もある。事実認定として本人に了解なく持ち物検査が行われており、手紙の無断開封も児童、職員共に認めている。審査委員会は、持ち物検査は、本人の了解を得ることが必要で、手紙の無断開封は児童の権利に関する条約一六条に違反しているとして、職員全体に研修等の必要を意見。

「児童相談所に相談せず、無断対処等の処遇」

事実認定として、喫煙を理由に実家等にかえされたという事実は、各児童相談所に確認されている。審査委員会は、児童相談所に連絡、相談することなく一方的に処遇を決定することは施設長の権限を逸脱しているとして、処遇方針の変更がある時は児童相談所と協議するよう意見。

「学校の部活動の制限について」

園側は、施設内の行事等への練習のため、中学生には学校の了解を得てのうえで認めていないことを事実認定しているが、審査委員会は子どもの個々の能力の伸長や関心、交友関係の拡大のために選択性を確保すべきと意見。

「職員の退職者が多いこと」

九六年度に九名以上、九七年度に五名、九八年度に二一名の職員が退職している。九八年度は基準に対し欠員のまま運営されていた。審査委員会は、総職員二八名の施設でこれだけの職員が退職していることは大きな問題で、九八年度の欠員のままの運営は児童福祉施設最低基準にも抵触しているとして、法人理事会がチェック機能を果たすよう県が指導するよう意見。

以上をみてくると、児童養護施設内の子どものさまざまな権利は、常に施設長をはじめとする職員の手によって握られていることがわかる。

この「報告書」を受けた知事の諮問機関「児童福祉審議会」は、知事に「適切な運営及び処遇の確保について」の意見具申を提出。それを受けた知事は「鎌倉保育園」(理事長、仲戸川三郎)に「施設運営及び処遇の改善について」の勧告を行った(九月八日)。

そして、「鎌倉保育園」は一〇月一五日付で「改善計画書」を知事宛に文書で提出した。

また、一〇月一日付で園長も新しい大久保稔園長にかわり〝風通し良い開かれた園〟をめざして、児童指導マニュアルの作成などに取り組むなどの方針を明らかにした。

神奈川県も県の福祉児童福祉課が推進するかながわ子ども会議を一〇月二三日に開き、施設で生活する高校生の声を聞いた。

厚生省も、一九九九年一〇月二三日付で全国の都道府県に通知を出した。その通知は、児童養護施設や児童自立支援施設などで①懲戒権の乱用（体罰）を禁止する規定が施設の規定に定められているか②人権について職員研修をしているか③入所者が意見を言う機会が確保されているか、の三点を早急に調べるように求めたものである。

これを受けて、横浜市も市内にある五一の知的障害者施設すべてに「体罰禁止」の通知を出すことを決め、神奈川県、横浜市、川崎市も児童養護施設などの入所型施設の実態調査に乗り出した。

これらの流れをつくり出したという点では、「鎌倉保育園」の体罰問題は施設内の子どもの人権問題の発火点になったと言えよう。

その後の千葉県の児童養護施設「恩寵園」（大浜浩園長）における入所児童への虐待については、厚生省が千葉県に対し理事全員の辞職や社会福祉法人の抜本改革を促すよう指導に乗り出した。この施設長自らが入所児童が「素足で屋外に出た」ことに腹を立て「左手小指を枝切りはさみで切る」（一〇日以上のけが）などの虐待をくり返し、また元職員が入所していた当時一二歳の少女の胸などをさわったり（わいせつ容疑で三月八日逮捕）するなどの行為が繰り返されていた背景には、一九九六年に入所児童一三人が脱走し、児童相談所に駆け込むなどして施設長の虐待を訴えていたにもかかわらず、指導権限を持つ千葉県は話を聞くだけで何の対応もしなかったという甘い指導があったことが指摘されている。

二〇〇〇年三月には、卒園生一一人が「虐待で精神的後遺症に苦しんでいる」として、元施設長や千葉県などを相手に損害賠償請求訴訟をおこしている。

子どもたちからの施設内の人権を守る声も上がり始めたと言える。

なぜ、このような施設内の子どもの人権をおかすような体罰を始めとする虐待がくり返されてきたのだろう。

一つには、施設内だけではなく、子どもや弱者への「体罰」を容認する文化的風土があるのではなかろうか。

もう一つは、施設の閉鎖性の問題がある。児童養護施設をとっても公立は約一割で、他は社会福祉法人である。多くが宗教系で施設長の親族も職員である場合がほとんど。「恩寵園」のわいせつ容疑で逮捕された元職員は元施設長の二男で、「鎌倉保育園」も創立者の佐竹初代施設長一族が代々の施設長をつとめている。施設の私物化も問題の一つではなかろうか。

三つ目は、職員の人手不足や移動が少ないといった職員側の勤務状況もある。

そして最後に、家庭内の子どもへの暴力は「虐待」と呼ばれ、施設内での暴力は「体罰」、そして学校内の暴力は「いじめ」とされるが、どちらにしろ、子どもへの〝人権侵害〟としての暴力は許されるものではない。しかし、子どもを育てる中で〝わがまま〟を許すことにもなるのではないかという声も否定できず、むずかしい問題だろう。また、〝躾〟という名の暴力は、どこまで許されるものなのか……。特に、現在の児童養護施設や児童自立支援施設の子どもたちは、かつてのように親が経済的に養育できなくて捨てられたりするケースは少なく、親から放任、過度の期待、暴力などの虐待をされて本当の愛情を受けていない子どもが多い状況がある。つまり「(人間として)認められていない子ども」が多いところから、虐待児の特徴とされる「(他人の)いやがることをする」「(愛情を)過多に要求する」などの行動傾向が多いと言われる。そのような子どもたちと施設の職員がどのような関係を結んでいけばいいのかは一口で言えないほどむずかしい問題をはらんでいるのだろう。

施設内体罰などの子ども虐待について、全国児童養護施設協議会（福島一雄会長）は二〇〇〇年六月二一日付の新聞報道（朝日新聞夕刊）によると、弁護士や医師ら第三者（一〇人ほど）を交えた子どもの権利擁護委員会を二〇〇〇年七月中旬に立ち上げ、事情聴取や解決のための助言をする組織にする。また全国五二一施設に対して、子どもが苦情などを訴えられる苦情解決委員会を第三者を含めて組織し、「密室」になりがちな施設に第三者の目を入れるよう要請した。この苦情解決委員会は、保護者や学校の先生、実習生、ボランティアなどだれでも子どもから訴えを聞いた人が子どもの代弁者となってその苦情を委員会にかけ、解決を図れるようにするものである。

被虐待児への対応

虐待を受けた子どもは、心の傷と言われるトラウマを持つということが最近、神戸の大震災以後広く知られるようになった。ひどい場合は多重人格障害を持つとも。

いま、児童養護施設へ入所している子どもたちのうち、被虐待児は半数以上と言われている。施設によっては、ほとんどが被虐待児であるともされている。実際に一九九九年の全養協（全国児童養護施設協議会）の大会で、被虐待児の割合は多いところで七八％、少ないところでも三〇％と報告されているように、児童養護施設は虐待された子どもたちの受け皿というか、第二の家庭となっていることとも現実問題となっていることを私たちは認識したい。

その上で、児童養護施設がいまかかえている問題を考えてみたいと思っていたところ、季刊「児童養護」一九九八年№2号に日本社会事業大学の西澤哲助教授の「虐待を受けた子どものケア　児童養護施設が直面する課題」と題する論文に出会った。西澤氏の論文を紹介しながら、児童養護施設での体罰の問題も含めて考えてみたい。

西澤氏は、まず「虐待を経験してきた子どもは施設などの生活環境において体罰を受けやすい」として、その理由を「虐待という体験のためにこどもは自分に関わりを持ってくる大人から怒りや攻撃性を引き出しやすいという傾向を身につけてしまっている」からとしている。

虐待を受けて育った子どもは、親から受けた虐待の関係を、その後の身近かな人間関係に再現する傾向があり、施設では世話をしてくれる職員に挑発的な態度や、彼らがいやがる言葉を発してしまう。このことは、多くの児童養護施設の職員から私も聞かされた。「職員を威圧するような態度をとったり、挑発するような言葉や態度をとるので、新しい職員は対応に慣れるまで大変ですよ」と。

なかには、理解ができない職員は、こんなにまでして世話をしているのにと、体罰を加えてしまうこともあると。

また、虐待を受けて育つと、自分の感情を抑制したり、調整したりする能力に欠けるため、時にパニック状態になる。これは、乳幼児期に快・不快の表出を親（養育者）が受けとめ、なだめるような関わりを経験してこなかったり、親から虐待されないように自分（子ども）の感情を押えてしまうことを体験してきたことからおこる症状である。

これらの被虐待児の行動を受けとめ、よりよいかかわりを持っていくためには「愛」だけではだめで、治療的な「技術」が必要になる。

そして、親から見捨てられたという気持ちと親への怒りを持ちながら、「自分が悪い子だったから」という考えを被虐待児は多く持っている。そこで、児童養護施設では、「自分がなぜ施設に来たのか」という自分の人生を認知させることが必要になる。それは、子ども本人の責任ではないという認識と、親の人生と距離をとるという「自分」という存在を認めさせるというケアが求められるわけである。

児童養護施設は、本来、養護に欠ける子どもの養育を目的として設置された機関である。しかし、現在虐待を受けた子どものケアが求められているとしたら、児童養護施設の目的もケアのあり方も大きく変わらなければならないだろう。

注1　鎌倉保育園

創立者佐竹音二郎（一八六四〜一九四〇）が現在の児童養護施設「鎌倉保育園」の前身である「小児保育院」を自分が経営する腰越医院の門柱に掲げたのが、一八九六年（明治二九）七月。音二郎三三歳。わが子を園児と同等に養育する方針を貫いた音二郎は、長男と四女を失うという悲劇に直面して、その節を曲げず、医院を義姉に譲渡し、保育事業に専念。中国の旅順や台北にも支部を設立。一九二〇年（大正九）に財団法人「鎌倉保育園」とする。

戦後は、一九五二（昭和二七）に社会福祉法人となり、養護施設として認可される。一九六四年（昭和三九）には、精神薄弱者援護施設「綾瀬ホーム」を開設。一九七九年（昭和五四）には知的障害者のための更生施設「さがみ野ホーム」を開設。一九九六年（平成八）に百年の節目を機に「社会福祉法人鎌倉保育の園」と改称。

（鎌倉保育園「年表と写真に見る百年史」から）

注2　自立援助ホーム

一九九九年四月から児童福祉法改正により第二種社会福祉事業の「児童自立生活援助事業」として位置付けられた施設で、義務教育を終了したが、いまだ社会的自立ができていない児童を対象として、就職先の開拓や仕事や日常生活上の相談等の援助を行うことにより、社会的自立の促進に寄与することを目的とした事業である。九七年現在、全国で一九施設、定員総数は一六二名。

第四章　被虐待児への治療的ケア

児童心理療育施設（情緒障害児短期治療施設）

いま、被虐待児の治療的ケアが受けられる場所として注目されている施設がある。「児童心理療育施設」と最近、呼ばれるようになった情緒障害児短期治療施設である。情緒障害児短期治療施設とは、児童養護施設や乳児院、児童自立支援施設などと同じ児童福祉施設の一つで、児童福祉法で「軽度の情緒障害を治すことを目的とする施設とする」とされている。二〇〇〇年六月現在、全国で一七カ所しかなく、地域的にも偏在している。北海道や九州にはなく、関東地方では横浜市に一カ所あるだけである。そこで、一九九九年一月には全国厚生部（局）長会議で、厚生省児童家庭局は「各都道府県・指定都市は、被虐待児の心理的ケアのためにも、専門的処遇体制を持つ情緒障害児短期施設の整備促進を図られたい」と檄を飛ばしている。

この心理療育施設とは、近年、社会環境や家庭環境などの変化にともなって、集団になじめない、学校に行きたくても行けない、同じことを繰り返さないと不安という強迫観念を持ったり、いじめや体罰、虐待などで苦しんでいる子どもたちを、「福祉」「医療」「教育」の三分野の専門スタッフが連携・協力して子どもの心の健康の回復と自立を支援し、その家族に対しても援助をする施設である。最近は、被虐待児の重度ケースが増え、虐待の結果としての情緒障害を持つ子どもたちが多数出てきている。そこで、治療機能が充実している心理療育施設がその受け皿として求められているのである。

その専門スタッフとしては、児童精神科医師、セラピスト（心理療法士）、看護士、教員、児童指導員、保育士などである。

子どもの対象年齢は、小・中学生を中心とした二〇歳未満で、施設への入所・通所は、児童相談所長が適当と認めた場合に〝措置〟として決定される。

施設での生活や活動はすべてが「治療」であるという「総合環境療法」がとられている。具体的には、「医学・心理治療」「生活指導」「学校教育」「家族との治療協力」「地域の関係機関との連携」を、治療の柱として、子どもにかかわるスタッフ全員が協力して、一人ひとりの治療目標が達成できるようにと、子どもとその家族を援助している。

全国の児童心理療育施設を退所した子どもたちの八〇パーセント近くが、家庭に帰って、元の学校に戻ったり、進学・就職をしている。その他には、児童養護施設や病院へ行く子どもたちもいるが、多くの子どもたちは心の健康を取りもどし、成長・自立をしている。また、在所が二〇歳未満なので、症状が回復しない子どもは退所後も相談にのったりして、アフターケアも行われている。

虐待を受けた子どもは、虐待の加害者から離して安全な生活をすれば事足れりと以前は考えられていたが、被虐待児が受けた心の傷（心的外傷　トラウマ）は根強く、専門的な心のケアが不可欠であると考えられるようになった。また、虐待を繰り返す家族の問題も深刻で、家族へのアプローチも必要であるとされるようになった。

この章では、重度な被虐待児の心のケアと、虐待を繰り返す家族へのアプローチについて、ある心理療育施設での取材と資料をもとにして記してみたい。

重い被虐待児の特徴

いま、児童養護施設で被虐待児が増えて、その対応に苦慮していると聞かされてきたのですが――

「情緒障害児短期治療施設（以下、児童心理療育施設）もかつては不登校児などが多かったのですが、一九九〇年代後半からは人生の早い時期に心の傷を負った子どもたち、重い被虐待児と言うのでしょうか、虐待関係にある子どもの入園は増加の一途をたどっていると言っていいと思います」

理由は――

「福祉向上といいますか、児童相談所を中心に虐待から子どもを守ろうと虐待の危険性の高い家庭に積極的に介入し子どもを早期に保護するようになったことがあげられます。また、社会が変化して家族の養育力が弱まったというか、その上、精神的にも極めて不安定な家族が増えていることも、その理由と思っていいと思います。また、地域社会での連携も薄いというか、地域での子育ての助け合いが少なくなっていることもあります」

実際にどんな子どもたちが児童心理療育施設に入所するのでしょうか――

「家族のもとから離れて治療施設に入らなければならなくなった子どもたちは、〝人間関係がとれにくい子ども〟とでも言えるでしょうか。しかし、その背景には、生まれてすぐから安定した心地よい人間関係を経験してこなかったということがあります。

よく〝手塩にかけて育てる〟という古くからの言葉がありますが、生まれてすぐの赤ん坊にとって、母親（保育者）イコール世界なのですね。泣けば、あやされてオッパイをもらえる。オシメもかえてもらえる。ここで信頼関係が生まれるわけです。子どもは予測できる世界の中で安定感を増していきます。

ところが、泣いてもほったらかしにされると、そこで赤ん坊は無力感と怒りを抱えたままになります。母親（保育者）の都合でオッパイを与えたり、オシメをかえられたりなどの一貫しない育児は、予測不能な世界であり、子どもはその場その場の対応しかできなくなります。

赤ん坊のときに、ゆったりとした時間と場所が与えられ、自分が大切にされていることを味わうことで、自分らしい人やものへの関わり方を覚える。こんな生活体験を味わってこなかった子どもたちは、人格の基底の部分が十分に形成されていないので、人やものへの対応がわからず、ちょっとしたことで揺れ動き、安定した人間関係が作れない。そんな子どもたちと言っていいでしょうか。

だから、ここではまず最初にもう一度、赤ん坊が体験する心地良い世界を日常生活の中でとりもどすことをします。あたりまえの日常体験なのですが、それが子どもたちには〝安心できる〟という気持になるのです」

虐待を受けた子どもたちについては――

「まず、虐待をとらえる視点として、どんな虐待を受けてきたのか。『身体的虐待』なのか『性的虐待』なのか、『ネグレクト』なのか、『心理的虐待』なのか。重複している場合もあります。次に、誰による虐待なのか。家族などの身近かな人なのか、赤の他人なのか。そして、その虐待が、一過性のものか、長期にわたっていたのか。

最後、その虐待が人生のいつから始まったのか。一人ひとりの虐待をきちんととらえることで、家族も含めてその子どもの治療に入るわけです」

重い被虐待児への対応は大変だと思うのですが、その特徴のようなものはあるのでしょうか――

「ここでは生活の中での治療なので、子どもたちへの対応は、それは大変です。激しく反抗していたかと思うと、一方的に甘えてくる。職員も無力感におちいるときがしばしばあります。

重い被虐待児の特徴をあげると。
① **信頼関係が築けない。**
泣いてもほったらかしにされたり、いつも手ひどく暴力を受け続けるという状況の中で、信頼関係は築けません。
② **外界への恐怖感がある。**
母親（保育者）の都合で生活が振りまわされ、その上に理由もなくどなられたり、暴力をふるわれたりして育つわけですから、自分以外のものへの恐怖感を持たない方がおかしいですね。
③ **相手を支配し独占しようとする欲求が強い。**
〝再現性〟と言って、自分が支配されてきたことを、他者に求めるという被虐待児の特徴と言った

らいいのでしょうか、支配と独占の欲求が強いですね

④ **被害感が強い。**

⑤ **感情のコントロールができない。**

感情のパニックがおこると、なかなかおさまらないですね。小さいときに信頼する母親（保育者）から愛情あるほめられかたや叱られかたをされてこないと、自分で自分の感情のコントロールをする能力は育ちません。

⑥ **感情のかい離がある。**

ＰＴＳＤ（心的外傷）の後遺症と言われているのですが、虐待を受けている自分から自分の感情をかい離させることで、虐待の痛みを感じないという体験を重ねることでおこる症状です。治療としては自分の心的外傷を意識させることから始めるのですが、心的外傷が大きすぎる場合は、日常生活の中で外傷を受け止められるように自我を育てることからはじめる必要があります。

⑦ **一連の時間軸の中に身を置けない。**

母親（保育者）の都合で食事や睡眠などのすべての生活が不規則になされてきたので、時間の観念がなく、文脈ある行動がとれません。瞬時瞬時の行動形式であり、待つということもできません。

⑧ **身体接触に抵抗がある。**

小さい頃（三歳まで）の抱っこ体験が少ないことが背景にあると思いますが、普通の人なら心地よいはずの身体接触が心地よく感じられません。

子どもは母親（保育者）から優しく抱きしめられるという皮膚感覚を通じて生理的バランスを獲得

することができます。皮膚感覚だけでなく、様々な感覚に障害をもっている場合が多いです。例えば食生活も貧しいどころではなく、スナック菓子だけを与えられていたなどという子どもは、食感覚も育っていないですね。

⑨ **自己評価が低い。**

自分が愛され、認められることで自己を評価することができるものなのに、スキンシップもなく、愛情もなく、いつも暴力の下で育つ体験をすることで、自分を低く評価してしまう。

⑩ **社会的体験が乏しい。**

被虐待児は、いつも萎縮した心の状態にあります。そのため体験が広がらず、当然に社会的体験も乏しくなる。

⑪ **身体上の問題がある。**

小さい頃に身体的虐待を受けて育つ子どもが多いので、脳外傷があったり、片方側からだけ布団たたきでたたかれていたので、身体が片方に傾いてしまい、片手が短い子もいる。また、食物は与えられていても、いつも虐待下にあったため、低身長となってしまった子ども。何度も保育者からの暴力ではく離骨折を繰り返したために手足が曲らなくなってしまった子どもなどいろいろいます。

⑫ **行動上の問題がある。**

虐待を受けて盗みや嘘、家出を繰り返しているうちに落ち着きがなくなり、小学校などで学級崩壊の原因をつくり出したりします」

深刻な虐待を繰り返す家族の問題については――

「家族の問題は深刻ですね。その特徴を六点ほど上げてみると、

① **親の不信感、被害感が強い。**

親自身が育つ環境の中で、親（保育者）から虐待を受けるという体験、また父親が母親に暴力をふるうという家族の中で育ったりすると、他人に対する不信感や被害感を強く持ってしまうことが多いのです。そして、親自身がされてきたこと（虐待体験）を、また子どもに繰り返してしまう。

子どもが生まれた時点からの援助を、どのようにして行政が対応していくかが難しいところですが、親自身の心の傷の問題を解決しながら子育てのお手伝いをしていかなければならない家族ですね。

② **地域での疎外、孤立している。**

友人や子育ての相談、雑談相手がいないことが多いです。核家族で、夫も子育ては妻の役割だとして妻の相談相手にも協力者にもならない家庭だと、妻は家庭の中でも孤立し、夫に対しても疎外感を持ってしまう。結局は、妻はストレスを子どもに向けてしまい、虐待を生むということになります。

③ **子育てのサポートを得られない。**

一九六〇年代以降、子育てが母親の役割とされ、とくに地域共同体が希薄な都市部の核家族では、母親（保育者）自身が積極的に相談相手やサポートを求めなければ得られない状況の中で、それができない家族です。不信感や被害感が強い場合、行政のサービスがあっても、それをなかなか利用しようとしない、ということがあります。

④ **親や本人の問題意識、治療動機が低い。**

本当は助けてほしいという声が出されればいいのですが、それが親にも本人にもその問題意識がなく、どうすればよいかがわからない家族と言ったらいいでしょうか。

⑤　**親子が共依存の関係にある。**

よくアルコール依存症の夫と〝妻の私がいなければますますこのひと（夫）は駄目になってしまう〟という妻との依存しあう関係のことが問題になりますが、子ども虐待も虐待をする親に対して〝私（子）が悪かったから〟〝自分（子）のためを思ってくれている〟というようにかばいあう関係にある家族。子ども虐待の場合は多く親（保育者）に依存しなければ生きていけない関係のため、〝子どものため〟という虐待する親との共依存の関係は深い。

⑥　**機能不全。**

子どもを育てるという基本的な家族機能、例えば食事を三度三度きちんとつくるとか、安心して眠るとかの機能が与えられない家族のことです。

以上、六点を述べてきましたが、これらが複合している家族と言ったらいいと思います。」

家族への対応というか、家族への治療という点については――

「まずは、子どもの治療から始めますが、家族へのケアなしには子ども虐待の問題は解決しないので、家族への対応も児童心理療育施設の大きな課題です。

しかし、かつては、『子どもの問題は、家族の問題ですから一緒に話し合いましょう』と言うと〝よろしくお願いします〟と言われたものですが、最近は〝なんで、そんなこと言われなくちゃあ、いけないの〟と言う不満をあらわにし、責めたてる家族が増えてきています。

そこで、まず親（保育者）に協力してもらうことから始めます。面会に来てもらうこととか、子どもの洋服を持ってきてもらうとかしながら、私たち（児童心理療育施設）と家族との間でささやかでも〞関係〟をつくり、維持するようにします」

被虐待児への治療的ケア

いま、児童心理療育施設は約半数以上が重度被虐待児である。そして、被虐待児が増加する中で、治療施設を備えた児童心理療育施設への期待は大きい。しかし、心に傷を受けた子どもたちへの援助は困難で長期にわたる。だから、対象年齢が「二〇歳未満」までと引き上げられたが、年長児の増加とともに退所後の治療の課題もかかえている。

ここでは、ある児童心理療育施設での被虐待児への治療的ケアの取り組みを紹介したい。この児童心理療育施設では、セラピストも週一回だけ子どもと面接するだけでは子どもの心はわからない、つまり外来型では駄目だということで、他の職員と同じ様に生活の場に入っている。

被虐待児と心理治療について――

「心理治療というのは、まず相談してみよう、困った問題をゆだねてみようという動機があって始まるわけです。しかし、重症な虐待ケースでは、この動機が乏しいため、外来の治療機関に自ら訪れることは少ないといえます。それは〞相談〟するという行為の根底には、人を信用することができるという土台が必要だからです。被虐待児とその家族は人を信用するという関係がとれにくい場合が多いのです。したがって児童相談所の福祉司さんを中心に、本人や家族とくり返し話し合いをして、ようやくはじめて治療機関を訪れることになります。施設に入所するケースはそうした場合がほとんどです」

それでは、まず被虐待児の治療的ケアについて――

「児童心理療育施設は、日常の生活を中心にして、個人心理治療、集団心理治療、学校教育、そして医療などが総合的に関わりを持ちながら治療をします。各職員も、各々の役割と連携を持ちながら、チームを組んで治療をします。

まず、被虐待児に援助するための柱として次の四つがあります。

(一) 日常生活のもつ力

(二) 子どもへの適切な理解と納得できる方針。

(三) 個別的対応

(四) チームアプローチ

次に、被虐待児を援助するための流れを追ってみたいと思います。

第一段階としては――

日常生活のもつ力を中心として「安心感や信頼感の獲得から始まる育ち直し」の過程を支えること。

日常生活のもつ力としては次の四つがあります。

① 生の保証

食事があり生の危険性や病気から守られるということ、このような安心して生活できる場を提供することです。

しかし、安心感の乏しい子どもにとって、いきなり大きな集団の中で生活することは大変なことです。そこで、入園初期には、一人または二人部屋で、食事も自室でとるようにし、登校も入園してしばらくは控えるなどして、子どもが学園（児童心理療育施設、以下学園）が自分の安心できる居場所にする。そして慣れるにつけ、一人部屋、二人部屋から四人部屋へと移り、徐々に登校も始めて、グループワークなどの活動にも参加するようにします。

② 予測の可能性

一言で言えば、決まった日課があるということです。朝も一定時間におき、三度の食事の時間も決まっている。寝る時間も決まっている。これが普通の生活だと思うのですが、学園に来る子どもたちは、親（保育者）の都合で食事が与えられたり与えられなかったりする生活を小さい時からしてきているので、入園当初は与えられた食事を大急ぎで食べる子がいます。いつ親（保育者）の都合で食事をストップさせられるかという脅えからともかく食べられる時に急いで食べる。食事の時間が来たからお腹が空くという感覚がない。それが決まった時間になれば食事が出されるという体験をする中で、腹が空くという身体感覚を持ち、時間の観念を持つこともできるようになる。これが予測のある生活を得るということです。この予測性のある生活は、子どもに与える安心感として意外に大きいものです。

③ 平穏性

イベントのような特別に興奮する楽しい刺激はないけれど、安らかで穏やかな空気に包まれているという生活環境である。もちろん、その背景には職員の受容的で支持的な雰囲気も重要です。

④　相談可能

相談ができる大人がいるということです。つまり、信用ができる大人がいるという環境です。人生の早期から深刻な虐待体験をもつ子どもたちは、治療関係においても、「虐待者―被虐待者」の関係を〝再現〟しようとするものです。職員の感情を逆なでするような行為を頻繁に行ったり、他の子どもたちとのトラブルや暴力を伴うパニックで日常生活の平穏を脅かしてしまう。その時にも暴力や破壊行動は決して許さないという毅然とした姿勢が重要です。そして、平穏な日常生活を送るためのルールの設定も必要です。。

子どもへの指導方針は、個別にたてて、職員チーム全体でアプローチするようにしています。その中で、大人と一緒にいて穏やかで安心している場面を大切に育むことが第一段階の重要な過程としています。」

第二段階としては――

「過去を振り返り悼み収める過程を支えることです。

被虐待児は加害者から離れて施設でくらすようになり、自分が受け入れられる母なる世界を持っている人間と信じた部分だけ赤ちゃん返りをします。つまり、試して試してこの人は確かに信頼できると思った範囲で心を開きます。その赤ちゃん返り（退行）を受けとめるのは、きちんとした治療的枠組みと構造を作り、感情のフォローをしていけるだけのトレーニングを受けたスタッフがチームでします。

子どもは、少しずつ本音の葛藤をあらわし、やがて深い、破壊力を持った怒りや恨みを出し、荒れ狂うこともあります。そんな時は、チームを組んで子どもによりそい続けます。やがて自分の過去、そして家庭のことを振り返るようになります。

とくに思春期にはそうした傾向が強まります。なぜなら、思春期はものの見方が抽象的、客観的になり、身体の変化も重なって、普通でも混乱がおきるときです。被虐待児は、この混乱が普通の子より大きいのです。暴力を振るう家庭内暴力や倒錯的行為である社会的暴力もその一つです。時には医療が必要になることもあります。

このような振り返りを経て、子どもの希望につながる何かを職員と一緒に見つけます。〝もう、過去はいいよ〞という過去への悼みから〝希望〞へとつなげる作業を通して、次の過程へとステップアップします」

第三段階では——

「地域への復帰に向けた過程を支えることです。

自分と家族、そして過去に対して客観的にみつめる力を身につけ、過去を収め、未来に気持ちを向け、活動的になる段階です。様々なことがらに挑戦し、自信をつけていく段階です。

また、家族との面会や外泊なども家族との関係を見直す契機になります。そして、自分自身や家族の問題を考え、家族と自分との関係を模索するようになります」

家族へのアプローチについては——

「親と子は本来、情緒的な絆で結ばれていて、その絆の中で育っていくものなのですが、ここへ入園して来る子どもたちは被虐待児の場合、その絆にゆがみがあるわけです。修復には多大な困難が伴います。無理に修復を図ろうとすると、逆に治療関係を悪化させることにもなります。その親子にとってそのような関係にならざるを得なかった事情を理解した上で基本的には、子どもの治療経過に揺れながらも、私たち職員と一緒に協力者としての関係が維持できるように家族へアプローチしています。

また、親を否定することは子どもにとって自分を否定することにもなります。たとえ、子どもが親を批判したとしても、職員が一緒になって親を否定しないことが重要です。親のよいところ、良い思い出を大切にしてあげることが重要です。

虐待のある家族について述べて来ましたが、現在の多くの家族でも平穏なあたりまえの生活、例えば決まった時間に家族で食卓を囲んで食事をするといった生活ではなく、グルメグルメしたイベント家族が一般的になり、子どもにとってみればジェットコースターに乗っているような生活をおくらされているような気がします。一般的といわれている我々の家庭生活も見直してみる必要があるのではないでしょうか」

B君の場合

B君が児童心理療育施設へやって来たのは小学校四年生の時。児童相談所の一時保護所からである。

B君の母親は二〇歳でB君を出産。肥満で体調も悪く、B君に対しては支配的で、少しでも手をやくと厳しい折檻をした。二歳半くらいから父親と母親の関係が悪くなり、父親が家を出て、後に別居する。B君が三歳になった頃から母親が夜働くようになり、B君は家に放置されることが多くなる。B君はパンや菓子を盗み食いし、家から金を持ち出す。その度に母親と父親からタバコの火を押し付けられたり、寒い日にベランダで正座させられ食事も与えられない等の折檻が続いた。

学校でのB君は落ち着きもなく、すぐカッとなり、学級崩壊の原因ともなった。小学二年生の時、虐待がわかって校長から呼び出され母親は注意を受けるが、かえって学校不信となる。その後も虐待の度に家出を繰り返したため、児童相談所へ相談し通所指導を受けるが、関係は変わらない。

小学校四年生になっても母親からの虐待もB君の問題行動もおさまらず、ついに母親から「このままでは、自分がBをどうしてしまうか怖い」と児童相談所へ訴え、一時保護所から児童心理療育施設へ入所する。

入所したB君は、いままで安心感に包まれた生活を体験したことがなかったため、被害感や不信感が異常に強く、なんでもないのに奇声をあげたり、ささいなことでカッとなり暴力を頻繁に繰り返し、パニックになるとなかなか収らない。職員にはベタっとくっつき、独占したがる。時に自分の受けた虐待の話をするが、恐いとか悲しいといったような感情が言葉や表情から全くうかがわれない。

生活のほとんどの場面でトラブルを繰り返していたB君が、入浴の時は不思議に落ち着いていたので、必ず男性職員が一緒に入浴して背中を流すなど、のんびりとした穏やかな時間を共に過ごすこととした。

荒れていた肌もきれいになり、服装や容姿も清潔になり、食事の食べ方もゆっくりになる。学園にも慣れてきて「ここにずっといたい。だって、女の先生、お母さんより優しい」と言うようになり、登校も開始する。

夏休みに帰省中に足を犬にかまれて三針も縫う大ケガをする。その後、ずっと続けていた入浴時のケアに傷口がぬれないよう湯舟につかる際に体を支えたり、体を洗うなどのケアが加わる。一カ月ほどして、「アー気持良い。先生ありがとう」という、初めて感情がこもった感謝の言葉を声に出す。この頃から自室で一人遊べたり、昼寝もできるようになり、夜も眠れるようになる。しかし、他の子どもたちとの関係は、仲良くしたいと思ってもできないと語る。担当セラピストは相手の気持に気付けるようにと簡単なロールプレイを繰り返す。

中学生になると、目にかけてくれる男性教諭を慕うようになり、親方と弟子のような関係になる。中一の秋になると、大人の前ではトラブルも減るが、子どもの中では陰のリーダー格の子どもにこびを売り、言いなりに動く。しかし、以前のように孤立することはない。一二月を過ぎると、叱られたときや自分の考えと違うことを言われたときに「どうしてかな」とたずねることが増えてくる。

母親との面会や帰省は「家に帰るとイライラする。帰りたくない」と自らとり止めるようになる。母親から「私に不満があるのか。反抗的なところが気になって眠れない」と言って来る。母親には「思春期とはそういうもの。しばらく様子を見ましょう」と答える。

三月の中学の卒業式には見事に送辞を読み上げる。

中三の六月の帰省時に中学卒業後の進路のことで家族ともめる。結局は自ら児童養護施設から高校に通うことを決める。中三になってからは、リーダー格として運動会の応援団長にもなり積極的に活動に参加する。B君を煙たがる子もほとんどいなくなる。学園のマラソン大会では一位になり涙ぐむ。

中学卒業後は児童養護施設から高校に通っている。思考や考え方が硬く、生真面目で要領が悪いところは続いているが、職場実習先の店主など頼りになる大人に守られながら、B君らしい生活を送っている。

B君の例は、不幸な養育環境から、安心感に支えられて展開するはずだった外界との主体的な相互性や創造的な活動のほとんどが阻害された例と言える。外界が自分を脅かさないかといつも警戒し、そのときそのときを生きるのが精一杯で、つながりを持った時間軸の中に身を置くことが妨げられたといえる。重度の被虐待児に多く見られる特徴である。学園生活の中でゆっくりと人との関係がとれるまでに成長し、自分や家族のことをB君なりにみつめ、これからの道路を決定することができたケースである。

今後の課題

子ども虐待の加害者になる親も、また生育歴の中で虐待の被害者であることが多い。この虐待の連鎖をストップさせるために、児童心理療育施設はいまいちばんに期待されている施設と言えるであろう。しかし「治療」と「心理」と「教育」と「福祉」の複合施設である児童心理療育施設は、実際にお金がかかる施設である。なぜなら、医者を常勤で置く治療のための医療施設、心理のためのセラピストなどの専門家、教育のための分教場などの学校施設、そして福祉のための専門職員が配置されな

全国情緒障害児短期治療施設一覧

施設名	所在地	電話
(社) 岩手愛児会 ことりさわ学園	〒020-0102　盛岡市上田字松屋敷11-20	☎ 019(663)2606 FAX. 019(663)2606
(社) 仙台基督教育児院 小松島子どもの家	〒981-0906　仙台市青葉区小松島新堤7-1	☎ 022(233)1755 FAX. 022(234)6304
(社) 横浜博萌会 横浜いずみ学園	〒245-8560　横浜市戸塚区汲沢町56	☎ 045(871)1511 FAX. 045(862)0673
静岡県立吉原林間学園	〒417-0801　富士市大淵2781	☎ 0545(35)0076 FAX. 0545(35)0278
長野県諏訪湖健康学園	〒392-0027　諏訪市湖岸通り1-19-13	☎ 0266(52)0397 FAX. 0266(52)1418
(社) 愛知県厚生事業団 愛知県立ならわ学園	〒475-0392　半田市鴉根町3-40-1	☎ 0569(27)5843 FAX. 0569(27)6316
名古屋市くすのき学園	〒466-0827　名古屋市昭和区川名山町6-4	☎ 052(832)6111 FAX. 052(831)3299
(社) さざなみ学園 さざなみ学園	〒522-0004　滋賀県彦根市鳥居本町1586	☎ 0749(22)2523 FAX. 0749(22)2563
京都市青葉寮	〒602-8155　京都市上京区竹野町通り 千本東入酒税町910-25	☎ 075(801)2173 FAX. 075(801)2173
大阪市立児童院	〒550-0012　大阪市西区立売堀4-10-18	☎ 06(6531)9000 FAX. 06(6531)9055
(社) 大阪府衛生会 希望の杜	〒569-1041　高槻市奈佐原955	☎ 0726(96)7033 FAX. 0726(96)7022
(社) 兵庫県社会福祉事業団 兵庫県立清水が丘学園	〒674-0074　明石市魚住町清水2744	☎ 078(943)0501 FAX. 078(943)6598
岡山県立津島児童学院	〒700-0012　岡山市いすみ町3-12	☎ 086(252)2185 FAX. 086(256)8040
(社) 鳥取こども学園 希望館	〒680-0061　鳥取市立川町5-417	☎ 0857(21)9551 FAX. 0857(21)9560
広島市児童療育指導センター 愛育園	〒732-0052　広島市東区光町2-15-55	☎ 082(263)0683 FAX. 082(261)0545
(社) 山口県社会福祉事業団 山口県みほり学園	〒753-0214　山口市大内御堀951	☎ 083(922)8605 FAX. 083(922)8617
(社) 四恩の里 若竹学園	〒761-8004　高松市中山町1501-192	☎ 087(882)1000 FAX. 087(882)1160

ければならないからである。いま、全国に一七カ所ある児童心理療育施設は、今後の見通しとして鹿児島と熊本の両県に設置が予定されているだけと聞く。

現在、虐待を受けた子どもの心の傷は根が深く、単に加害者から切り離して安全な場所を提供すればそれで良しとするだけでは、被虐待児の心の傷を完全にケアすることはできず、また虐待の連鎖も断ち切ることが出来ないとされている。それゆえに、せめて各都道府県と政令都市には一カ所以上の児童心理療育施設を早急に設置することが望まれる。そのことが、被虐待児が成人して後、さまざまな精神障害を発症したり、人格障害をきたしたりする危険を回避することにもつながるからである。

第五章　性的虐待

なぜ尊属殺人罪が消えたのか

横浜弁護士会の弁護士・谷口優子さんから一〇年近く前、一冊の本をもらった。

表題は『尊属殺人罪が消えた日』

本の帯には「一四歳のとき実父に犯されて五人の子を産んだ娘の殺意」とあり、「一九七三年、最高裁大法廷は、尊属殺人罪の違憲判決を下した。わが国刑法の歴史を塗り替えた画期的判決の背後に、過酷な運命を背負って生きようとしたひとりの女性の痛哭の涙があった」という活字が続いた。

この本を最初に読んだ時も、なんて酷い！　実父が娘を犯すなんて。それに五人の子どもも産ませるなんて。殺されてあたりまえだわ！　と悲憤したものである。そして親を殺せば理由なく「死刑・無期」になるという刑法二〇〇条(注1)の尊属殺人罪がこの事件をきっかけになって無くなったことを知った。

今回、子ども虐待を取材し、書き進めてくる中で、この本の内容こそ、まさに「性的虐待」ではないかと、本棚にあった本をもう一度、読み直してみた。

この本が出された一九八七年当時、親から子どもへの性的虐待は「親娘相姦」という言葉であらわされている。この言葉には、娘もまた責任の一端を担っているかのような感じを与えている。当時の新聞もまた「不倫な父娘関係の清算　事実上の夫を絞殺　のろわれた家系の悲劇」（一九六八年一〇月七日付）という見出しを付けていることからしてもわかる。

この父親から娘への性的虐待からおきた実父殺人事件を簡単に説明したい。

C子さん（娘）が実父からレイプ（強姦）という名の性的虐待を受けたのは、中学二年生の三学期、早春の頃だった。

生理も始まって乳房もふくらみ始め、少女から大人の女へと移っていく準備段階にいたC子に、平屋で二間しかない小さな家で突然それは始まった。彼女が寝ている最中に、裸になった実父は「父ちゃん、何するの」と抵抗する娘をレイプした。三〇代後半の大の男がのしかかれば、それを拒否するだけの力は肉体的にも精神的にもC子さんにはなかった。そして、レイプ後「母ちゃんに言ったら承知しないぞ」と彼女を脅した。

C子さんに対する性的虐待は、その後も繰り返され、内気な性格と父親に対する恐ろしさから声を出せず拒否もできなかった。そして、母親にも打ち明ける勇気がなかった。

しかし、約一年後に母親の知るところとなり、母親は夫にはげしく抗議したところ、台所から包丁をとり出し、「父親が娘を自由にしてどこが悪いか」と暴れた。母親はC子さん以下七人の子どもを連れて雨の中をさまよったが、結局行くところもなく、また母と子どもたちは家にもどった。

それからは父親がC子さんに手を出すのを母親は必死になって守ったが、逆に父親は母親に気絶するほどの暴力を加え、最後にはC子さんをレイプした。

C子さんの家庭は、細々と母親が小さな雑貨屋を開き、父親はあまり働かず、酒を飲んではぶらぶらしているといった環境にあった。

修羅場のような毎日の生活が続く中で、C子さんの母親は実家がある北海道へC子さんの二人の弟を連れ逃げて行った。残った五人の娘たちと父親との生活は、長女のC子さんが母代りで妹たちのめんどうを見、夜はおおっぴらにC子さんの身体をほしいままにした。

C子さんが一七歳になったとき、母親の実家の屋敷のなかに掘っ立て小屋を建て、また一家で暮らすようになったが、父親は酒を飲んではC子さんをレイプしつづけた。そしてC子さんは最初の子どもを妊娠した。

そして、C子さんは二二歳になるまで五人の子どもを妊娠、出産し、二人の子どもが死亡、三人の子どもが育った。

C子さんは第一子を妊娠してからは父親と同居させられ、夫婦同然の生活となった。そして、三女が三歳になった二五歳の時、小さな印刷工場に働きに出た。彼女は仕事をまじめにこなし、職場の誰からも可愛がられ、話を聞いてくれる仲間もできた。

二七歳になった時、また妊娠。C子さんは中絶。しかし、中絶後の彼女の身体の安静期にも父親はレイプした。C子さんは母親とも相談し、不妊手術を受ける。

職場に慣れるにつれ、C子さんは六歳年下の職場の男性に心を魅かれるようになる。しかし、父親の知るところとなり、会社を退社。C子は、三人の子どもの父親ということより以上に、父親に対して憎悪に近いものを感じ、家出を決意するが、父親は「どこまで行っても呪ってやるから、そのつもりでおれ！」と暴力をふるう。

C子さんは「いつまでもこんなことを繰り返していると、一生涯、私は幸せになれない。もう、こんな生活はいやだ！」と思い「さあ殺せ。おまえに殺されるなら本望だ」と床の上に仰向けになってわめく父親の首にひもをかけ、両手で締め、殺害した。

この死刑か有期懲役かの尊属殺人罪は、第一審判決（昭和四四年五月二九日）で、思わぬ判決が導き出された。

「被告人に対し刑を免除する」

理由は、

「被告人が被告の父親を殺害した行為は、被告人の自由に対する父親の急迫不正の侵害に対してやむを得ずなされた防衛行為であるから……被告人は性温順で、長らくたぐい稀な酷薄な境遇にありながら、その間よく穏忍に努めて、本件犯行まではその揉行を乱した形跡のないことがうかがわれ……被告人に対しては刑を免除するのが相当である」

そして、次のような理由で、尊属殺人罪は憲法違反であるとした。

「刑法二〇〇条は、結局親族共同生活において夫婦関係より親子関係を優先させ、また親子関係においては相互平等関係より権威服従の関係と尊卑の身分的秩序を重視した親権優位の旧家族制度的思想に胚胎する差別規定であって、現在はすでに合理性を失ったものといわざるを得ない。よって刑法二〇〇条は憲法一四条に違反する無効の規定としてその適用を排除すべきである」

しかし、検察側はすぐ控訴し、一九七一年（昭和四六）五月一二日の控訴審は「刑法二〇〇条は合憲」であるとし、さらに「原判決」を破棄し、「懲役三年六月」の実刑とした。

そして、被告人側が最高裁に上告した結果、一九七三年（昭和四八）四月四日、最高裁は、次のような判決を下した。

「原判決を破棄する。

被告人は懲役二年六月に処する。

この裁判確定の日から三年間、右刑の執行を猶予する」

そして、尊属殺人罪についても、

「尊属に対する尊重や報恩という自然的情愛ないし普遍的倫理の維持尊重の観点からは尊属殺人を普通殺人より重く罰することは不合理ではないが、刑法二〇〇条が尊属殺人の法定を死刑・無期に限定している点において甚しく不合理であり、憲法一四条に違反する」

この判決は正面から刑法二〇〇条に定められた「尊属殺を重罰に処する」との観念が違憲とされたわけではなかったので、立法府（国会）も法律改正に踏み出さず、ただ最高検察庁の通達で、起訴に二〇〇条を適用しないという変化があったにすぎない。しかしその後、一九九五年の刑法の口語化作業の際に二〇〇条と二〇五条の尊属殺の項が削除された。

日本の刑法から尊属殺人罪が消えた背景には、実父から娘への長年にわたる性的虐待の事例があったことを、私は谷口さんの著書で知った。

谷口さんも、この本の終章で、C子さんの父娘の事件が決して特殊な事件ではなく、私たちの周囲に実際に多く潜在しているといくつかの裁判事例を挙げている。また、婦人相談所や児童相談所でも、このような事例が多くあることを記している。

そして、日本には「近親相姦」罪という刑罰法規はなく、一三歳未満の子どもに対する性交その他のわいせつ行為についてのみ、強姦罪や強制わいせつ罪が成立するとしている。

谷口さんがこの本を書かれてから一三年が経ち、二〇〇〇年五月一七日に成立した「児童虐待等防止法」は、児童虐待の定義の中に「性的虐待」を位置付けた。

性的虐待

「性的虐待」について考えるとき、一九九七年（平成九）四月三〇日付の新聞記事（読売）を思い出す。

それは、「兄の性的虐待で氏名変更」を大阪家庭裁判所が認めたという見出しの記事である。小学一年から五年生まで七歳上の兄から性的虐待を受けた女性が、成人後にも後遺症が強く残り、重いうつ症状や絶え間ない不安感、二度の離婚ということから「昔の忌まわしい体験を思い出す名前を使い続けるのは、耐えられない」として、氏名の変更を大阪家庭裁判所に申し立てていたところ、「精神的後遺症からの脱却」のために変更を認める決定を下したというものである。「性的虐待が人間の生涯にわたって深い傷を残すと認定したこの決定は画期的」とされた。

子ども虐待の中で「性的虐待」は、被虐待児が自分が悪かったのではないかと思い、加害者への恐

1997年（平成9年）4月30日（水曜日）

兄の性的虐待で心に傷

姓・名とも変更認める

大阪家裁

小学生の時に実の兄から性的虐待を受け、精神的後遺症に苦しんできた女性が「昔の忌まわしい体験を思い出す名前を使い続けるのは、耐えられない」として姓と名の変更を大阪家裁に申し立て、同家裁は変更を認める決定を下していたことが、二十九日わかった。性的虐待を理由に氏名の変更が認められたのは全国で初めて。

女性は小学一年から五年生まで、七歳上の兄から暴行を受けた。後遺症は成人後に著しくなり、仕事や趣味を始めてもすぐに熱意を失い、二度の離婚を経験した。最初の結婚後、母親に打ち明けても重大さを理解してもらえず、兄自身にも「忘れていた」と告げられたという。

その結果、家族を受け入れようとしていた気持ちがなくなり、「他人なら憎むことで救われるが、家族とは決別できない」と考えて昨年一月「自分の人生を取り戻すには過去を象徴する名前を捨てる必要がある」と氏名変更を申し立てた。

裁判官は「主観的で特異な理由だが、精神的後遺症からの脱却が目的で、本来の氏名の使用を申立人に強制することは、社会生活上の支障をきたすので不当」と判断。従来は戸籍法上、氏を変えるのは①珍奇②難読③差別を受ける恐れがある――などに限られてきた。

決定を受けて、戸籍は新しく作り直した。女性は「自己の尊厳を回復するための長い戦いが完了した」と話している。

性的虐待について詳しい石川義之・島根大教授（社会学）は「裁判所が性的虐待は人間の生涯にわたって深い傷を残すと認定したことは画期的。全国に潜在化している被害者の大きな力になる」と評価している。

読売新聞

れもあってしばしば加害者を守ろうとする傾向にあるとされている。

学者や弁護士らでつくる「子どもと家族の心と健康」調査委員会（代表・平山宗宏東大名誉教授）が一九九八年一二月、全国一五〇地点で一八歳から三九歳の女性五、〇〇〇名、男性二、〇〇〇名を無作為抽出して郵送調査をしたところ（回収率二二・四パーセント）、「性的虐待」を受けたことがあるのは、

女性　　五八・八％
男性　　一二・〇％

女性の約四割は一八歳までに虐待を受けていて、小学校三年生までに「異性から無理やり裸や性器を見せられた」が約二〇パーセント、「無理やり性器をさわられた」が約三〇パーセント。また、「性交させられそうになった」が七・七パーセント。「性交させられた」が三・一パーセントで、あわせて一〇パーセントを超えている。

家庭内の性的虐待はいままで「家庭内のことはタッチせず」という日本的風習で隠蔽されてきた。だから、その実態については今回の調査は全国的に初めてだと思うが、性的虐待の加害者はほとんど顔見知りの大人で、実父や継父や兄などのごく身近な親族である。だから被害者である子どもが勇気を持って訴えたり、シグナルを発しても、加害者は性的虐待の事実を否定するので、公的機関はそれ以上立ち入ることが出来なかった。

しかし、日本でも一九九〇年代の後半から女性の性被害である痴漢やレイプ（強姦）、またストーカーやセクシャル・ハラスメントなどが社会問題化される中で、子どもへの「性的虐待」もとり上げ

女性受刑者の7割が子供時代に性的虐待

心の傷が犯罪に…

岐阜・笠松刑務所

覚せい剤乱用などで刑務所に入所した女性受刑者の約7割が子供時代にレイプやわいせつ行為などの性的虐待を受けていたことが笠松刑務所（岐阜県笠松町）の調査で分かった。虐待による心の傷が犯罪につながることをうかがわせるデータだ。

【菊地正太郎】

3～9月に入所した20～30代の女性受刑者67人（平均年齢27歳）を対象

や金づち、木刀で殴られるなど重度虐待を受けていた。加害者の55％は父親で、次いで母親が26％、教師が11％だった。虐待の場所は家庭が87％を占めていた。

また、重度の性的虐待を受けたと答えた21人のうち「だれにも話さなかった」が11人と過半数を占めた。残る10人は友人や家族などだれかに話したが、救済に結びついたのは4人だけ。

調査した医師は「被害を周囲に訴える例は少な

毎日新聞（'98.10.26付）

られるようになった。

アメリカのウーマンリブからうまれた子どもたちに自分のからだの安全を守るため「ノー」が言える子どもを育てるトレーニング（子ども虐待防止プログラムChild Abuse Prevention）をすすめているグループCAP（Child Abuse Prevention）などの活動も知られるようになり、「性的虐待」が持つ深刻さも注目を浴びるようになった。

とくに「性的虐待」は、虐待を受けている子どもがそのことを認識し、心理的影響を受けるのは思春期になってからが多く、不登校、家出、非行、売春、薬物中毒、自殺未遂などの問題行動となってあらわれる。

笠松刑務所（岐阜県笠松市）で、一九九八年三月～九月に入所した二〇代から三〇代の女性受刑者六七人（平均年齢二七歳）を対象に同刑務所の医師が聞き取り調査をした結果、一八歳未満の時期に性的虐待を受けたことがある受刑者は七三パーセントの四九人。そのうち約三分の一の二一人は、レイプや一年以上の長期にわたるに同刑務所医務課の医師が聞き取り調査した。

　18歳未満の時期に受けた虐待体験を聞いた結果、性的虐待を受けたことがある受刑者が49人（73％）に上った。21人（31％）はレイプや1年以上の長期にわたるわいせつ行為などの「重度虐待」を受けていた。

　複数の人から虐待された受刑者も目立った。虐待したのは家族が4人、知り合いが29人と、半数近くは身近な人物。中には義父から乱暴されたケースや1歳年上の兄から中学、高校時代の6年間にわたって乱暴され続けたケースもあった。

　一方、身体的虐待の経験者も38人(57％)いた。このうち17人はビール瓶

く、告白しても救済に結びつきにくいことが分かった。子供が問題行動を起こした時は、裏に虐待がある恐れがある。早期に発見し、支援できる体制を整備すべきだ」と話している。

日本子供の虐待防止研究会副会長の池田由子・日大医学部非常勤講師（児童精神医学）の話　子供時代の虐待経験が心の傷になると、自分への評価が低くなり、薬物や売春などの非行に走ったり、心身症などになるケースが多い。特に家族からの虐待は人間不信のため正常な人間関係が築けなくなる。日本では虐待の事実を隠す傾向があり、予防や治療のシステムもない。虐待を受けてもきちんとケアすれば幸せに成長できる。


「重度虐待」を受けていたことが判明。

　虐待者は「家族」が四人、「知り合い」が二九人と半数近くは身近な人。中には「義父」や一歳年上の「兄」から中学、高校時代の六年間にわたって性的虐待を受けていた。

　また、重度の性的虐待を受けた二一人のうち「誰にも話さなかった」と答えた人が一一人で、残る十人は友人や家族など誰かに話したが、救済されたのは四人だけである。

　この調査は、子ども時代の性的虐待で受けた心の傷が〝犯罪〟にまで結びついたということが言える。

　性的虐待を受けるのは、ほとんどが女の子で、虐待者は家族、それも実父や義父などが多い。本来、子どもの保護者であるはずの父親から虐待を受けた子どもは母親に訴えても「なんて、子どもなの。お父さんがそんなことするはずがないじゃないの」と言い、父親もまた「お母さんに言うんじゃないよ」と脅す。

　小さい間は、自分の身体に何がおこっているかわから

ず、「お父さんは自分をかわいがっている」のだと思っていたのが、小学校高学年から中学生になって、その行為が性的虐待であるとわかり、家に帰るのがイヤになっても不思議ではない。そこで自分を守るために家出をしたり、夜遅くまで徘徊したりする。しかし、保護されると「親に謝って、帰宅しなさい」と言われて、家庭に戻るように連絡される。

しかし、性的虐待がおこなわれている家庭で、そのことを母親が黙認している場合はもっと子どもの心の傷は深くなる。この場合、まさに母親も虐待の共犯者である。

一〇年近く前、ある女性のシェルター（緊急一時保護施設）を取材した折、婦人相談員の方から「一七歳の女子高校生が福祉事務所にやってきて家を出たいと言ってきたので、どうしたのと聞くと、ずっと実父から性的虐待を受けてきて、妊娠する度に母親がつき添って中絶を受けてきた。もうこれ以上、家にいたくないので、安全な場所を探してほしいと。びっくりしたけれど、ともかく彼女をシェルターに保護して、両親に会いましたが、お父さんは普通のサラリーマンで、お母さんはお父さんの言うことをじっと下を向いて聞いているといった態度の人でした。

インセスト（近親姦）と呼ばれる家庭内の性的虐待は、いわゆる貧困などがある問題家庭だけではなく、一見普通の家庭の中でもおこっていることだということを、ぜひ知ってほしいですね」と言われ、ショックを受けたことを思い出す。

だが、母親が娘をかばい、父親と向き合う関係がつくられると、二人の力があわさり、家族というかたちにとらわれていた自分たちに気づいて、新しい出発の可能性も生まれる。

性的虐待は、家庭の外でもおこる。

「小学生低学年の頃に近所の中学生から『うちに来てゲームをしよう』とさそわれ、彼の家の暗い部屋で『痛くて、とても悪いこと』をされ、両親にも誰にも言えず、そのことはしばらく続いたが、引っ越して忘れていた頃、学校で性教育を受け、自分がされたことが性交であることを知り、自分が汚くみじめに思えるようになった。そして、成人後に好きな人ができても体が触れることに嫌悪感を抱く自分が情なくて、死にたくなるほど苦しかった。好きな人ができて、はじめてふるえながら、自分の過去を語った。自分が変われる勇気が出てきた」

これは、朝日新聞が一九九九年三月に掲載した連載「犯罪被害者」に寄せられた「手紙から①」の要約である。

性的虐待の被害者は、小学生の時の心の傷を成人してから後も持ち続け、身体を好きな異性から触れられるのさえ嫌悪感を抱き、また嫌悪感を抱く自分をも嫌うという重い後遺症の中で生きている。ところが、加害者はそんな重い傷を与えたことを認めていない。

一九九七年一二月に北海道旭川市内の市立中学校で、女子生徒に対しての集団暴行事件がおき、男子生徒一一人のうち、六人が婦女暴行容疑で逮捕されて四人が書類送致された。旭川家庭裁判所も三人を少年院へ送致し、七人を保護観察処分とした。

そして、被害者の高校二年生になる女子生徒と両親は、一九九九年四月六日に旭川市と北海道庁を相手に取り、四千四百三十万円の損害賠償請求の訴えを旭川地裁に起こしたことが一九九九年四月七日付の読売新聞に報じられている。

裁判所に提出された陳述書には「人並みに恋愛し、人並みに温かい家庭を持てるのでしょうか。そんな不安がいつも私を襲う」と書かれている。

「性的虐待」は、家庭内であれ、家庭外であれ、被害者に一生にわたる重い心の傷を与えることを、もっと社会は認知する必要がある。

一九九五年（平成七）に設置された、愛知県にある「子どもの虐待防止ネットワーク・あいち」（Child Abuse Prevention NetWork・あいち）も、ある少女の性的虐待に取り組んだことがきっかけとして生まれたことは広く知られているところである。

一九九四年の七月、高校二年生の女の子が中学二年生の時から実父から性的虐待を受けていて、そのことをクラスの友だちに打ち明けた。友だちは「自分の力だけでは」と、担任に伝え、教頭、校長から警察へ。そして児童相談所へ。児童相談所から弁護士へと。

彼女の父親は会社ではおとなしい人物だが、家では妻に対して殴る、蹴るの暴力を振い、アルコール依存症で、怒り出すと窓ガラスを割ったりする。

彼女も中学生の時に母親に相談したが、母親は彼女のＳＯＳを拒否。彼女が生理のときなどに性的虐待を拒否すると、丸裸にされ、両親の性行為を見させられる。母親も虐待の共犯者。

彼女は児童相談所に一時保護され、その後児童養護施設へ。弁護士たちは親権剥奪の裁判をおこし、認められた。高校二年生の時である。その後、彼女は病院に就職も決まっていた高校三年生の三学期に、外出先の公園で見知らぬ男たちからレイプ未遂事件にあったことから、ＰＴＳＤ（心的外傷後ストレス障害）が現われ、赤ちゃん返りと言われる「退行」状況となり、精神病院へ入院。

この事件をきっかけに生まれた「子ども性虐待防止ネットワーク・あいち」だが、多くの性的虐待に取り組む中で、性的虐待の後遺症の大きさに模索が続いているようである。

学者の中には、性的虐待の後遺症には次の四つの要素があげられるとしている。「性的な早熟さや、性的指向の歪み」「自己喪失感」「不信感」「無力感」

私が住む神奈川県では、全国に先駆けて、一九九六年三月に県警本部刑事部に「性犯罪捜査係」を誕生させ、四月には性犯罪被害に苦しむ女性を救う目的の「性犯罪被害一一〇番」の相談電話を開設した。

一九九七年の一〇月に、横浜大さん橋近くの神奈川県警本部に開設されて一年半の性犯罪被害一一〇番を取材する機会が与えられ、出かけて行った。

お会いしたのは当時、刑事部捜査第一課犯罪捜査係長の板谷利加子警部補。いかめしい肩書きが不似合いに感じるほど優しい雰囲気の女性だった。その後『御直披』（角川書店）を著されたのでお読みになった方も多いと思う。

板谷警部補は、開口一番、

「最初は強姦などの被害の相談が多いと思ったのですが、実際にはそうではなかったのです。〝いままで誰にも言えなかったが……〟という相談の電話が多いのには、本当にびっくりしました。そのほとんどが、家族や近親者からの性的虐待を受けたという内容なのです。そして、そのことが〝心の傷〟となって一生を狂わせてしまっているのですね。驚きました」

この話を聞いた時、直前に神奈川県立婦人相談所の板野指導課長（当時）から取材で聞いた話がよみがえった。

「子どもへの性的虐待は、児童相談所から婦人相談所へまわされてくるのですが、子どもはよほどのことでないと訴えないわけです。

非行で補導されて、事情を聞いてみると、父親から性的虐待を受けているので、家にいたくない！という理由から、その事実が出てくるケースも多いのですよ。

また、母親がそれを容認しているケースもあります。その背景には、夫婦関係を維持したいから、見て見ぬふりをするというわけです。このような子どもへの性的虐待をなくすには、加害者である父親や義父との親子関係を切らなければならない。

子どもにとっては、人間関係を形成する基盤の親子の信頼関係を切らなければならないのですから悲劇ですよね。子どもへの性的虐待は、三、四歳、小学校の低学年から始まって、性行為にまでいくのは小学校の高学年からですが……」

板谷警部補も、

「レイプも同じなのですが、子どもの頃に性的虐待を受けると、ＰＴＳＤ、心的外傷後ストレス障害というのですが、心に大きな傷を受けるのですね」

そして、このＰＴＳＤについて、

「学校に行けなくなる。食事が普通にとれなくなる（摂食障害）。仕事を続けられない。恋愛や結婚ができない。自分の価値観が持てない。意欲が持てない。等々と言われています。私たちは、まず、被害者の声に耳を傾け、理解し、一緒にがんばっていこうと声をかけるようにしています」と。

子どもへの性的虐待についての一九九四年の財団法人「日本性教育協会」の調査がある。この調査は、全国九カ所の計八三校の中学、高校、大学で、男女同数の計一〇万人に面接調査したもので、日本では初めての本格的な性的虐待の実態を浮き彫りにしたものとされている。

調査結果は、全国の中学生から大学生までの「三七％」が、何らかの「性的虐待」を受けていること。そして、男女別では、女子が五五％、男子が十九％となっている。この数字は、アメリカで定説になっている三人または四人に一人の女子が、六人に一人の男子が性的被害を受けているデータを超えていることを証明している。

子ども買春・児童ポルノも性的虐待

一九九九年五月二二日の午後から夕にかけて、私は日本ユニセフ協会から招待を受けて東京の駐日スウェーデン大使館にいた。それは、五月一八日に国会で「児童買春、児童ポルノに係る行為等の処罰及び児童の保護等に関する法律」（法律第五十二号）が成立したことを受けての報告と、スウェーデン大使館とエクパット・ストップ子ども買春の会と財団法人日本ユニセフ協会共催の「児童の商業的性的搾取に反対する世界会議」の第三回フォローアップ会議が開かれたからである。

私は、この日、本当にうれしかった。私だけではなく、この会議の参加者一同がうれしい顔をしていた。

アジアだけでも一〇〇万人以上の子どもたちが性的虐待の犠牲になっている「子ども買春・子どもポルノ」の根絶を目指して、一九九六年八月にスウェーデンのストックホルムで開かれた「児童の商業的性的搾取に反対する世界会議」。この世界会議は、ユニセフ、エクパット（アジア観光国際キャンペーン）、子どもの権利に関するNGOグループの共催で、スウェーデン政府が開催した。

参加国は、約一三〇カ国。参加者は、およそ一、三〇〇人。シルビア・スウェーデン王妃も参加され、「子どもの人権を守るのは、大人の責任」と演説された。日本からは、政府代表の清水澄子参議院議員をはじめ、外務・厚生省などからなる八人と、NGOからはストップ！　子ども買春の会などが参加した。そして、会議の最後に、子どもの商業的性的搾取に反対する宣言と、行動計画が採択された。「子どもの商業的性的搾取」とは、子どもを大人のエゴで、性的対象にする〝子ども買春《かいしゅん》〟や〝子どもポルノ〟、それに類する目的で人身売買などを行うことを指す。

このスウェーデン会議の目的は、世界で日々拡大している子ども買春などの性的搾取（性的虐待）を一日も早く終わらせるために、地球規模でどうすればよいかを話し合うことだった。

この子ども買春・子どもポルノを根絶する運動は〝ロサーリオの死〟をきっかけに世界にひろがったとされている。〝ロサーリオの死〟とは、一九八六年一〇月、フィリッピンで、当時一一歳のストリート・チルドレンだった少女ロサーリオ・バルヨットちゃんが、オーストラリア人医師から膣の中に電動性器具を入れっぱなしにされるという性的虐待を受けて翌一九八七年五月に死亡するという痛ましい事件のことである。この事件は、大きな国際的反響を呼び、子どもの商業的性的搾取問題が世界的に取り上げられるようになった。そして、九〇年代に入って、地球規模で「子ども買春・子どもポルノ」は、子どもの人権を侵害する性的虐待として、根絶に向けて各国が取り組み始めた。この延長線上で開かれたのが、スウェーデンでの世界会議である。

このスウェーデンの世界会議に参加した日本代表団は、他の参加国からゴーゴーの非難を浴びた。そのことについて、帰国すぐに国会で取材に応じていただいた清水議員は、「本当に恥ずかしかった。日本の男性が子ども買春をしても、処罰する法律が日本にないことに。また、子どもポルノは、外国では、製作や販売、所持すべてが法律で禁止されていて、処罰をされているのに、日本では〝出版の自由〟の名の下に、野放しにされているのですから」

恥ずかしいことに、子ども買春の加害者国として、日本人男性は、世界の五本の指に入っている。また、子ども買春の情報源となる子どもポルノは、生産国として日本は世界一である。

そして、一九九六年一二月に、まずできることからということで、日本政府とユニセフがポスターを作成した。「犯罪です！　子ども買春」と大きく書かれ、子どもが両手で顔をおおっている、赤と黒のポスターを、成田空港などでご覧になった方もいらっしゃるだろう。

日本人男性の子ども買春者は、フィリピンやタイなどで性的虐待行為をした罪で、実際に逮捕、起訴され、禁固刑が言いわたされている人が多い。

また、世界的なネットワークにまで発展し、約一六〇カ国で二億人以上ともいわれる利用者がいるインターネットは、既存のメディアとは比較にならぬほどの影響力を持っている。このインターネットをつかったポルノ営業のうち約四割が「子どもポルノ」だと言われている。（一九九七年一二月調査）この「子どもポルノ」については、インターポール（国際刑事警察機構）に加盟している日本だが、これを取り締まる法律がないため、一九九九年四月一日から施行の「風俗営業等の業務の規制及び適正化等に関する法律」の一部改正で、自己のコンピューターに〝子どもポルノ〟が記録されてい

児童買春をした場合、
3年以下の懲役、100万円以下の罰金刑に処す。

「私たちの国の子供の性を買わないで」という東南アジアの国々の人々からの悲痛な声があります。インターネット等を通して流出する児童ポルノの多くが日本製であるとの指摘もあります。日本人の性のモラルの低下に、今、世界から非難の目が向けられています。こうした実情のなか、特に18才未満の児童を性の暴力から守り、被害にあった児童を保護し、その権利を擁護するために、児童買春、児童ポルノ禁止法が施行されます。小さな身体と心を大人たちの心ない行為で傷つけることは、決して許されることではありません。犯罪である、という以前に。私たち大人のひとりひとりが、しっかりと考え直すべき問題です。

児童買春・児童ポルノ禁止法　罰則規定

罪名	法定刑
児童買春罪	3年以下の懲役又は100万円以下の罰金
児童買春周旋罪 児童買春勧誘罪	3年以下の懲役又は300万円以下の罰金
業として行った場合	5年以下の懲役及び500万円以下の罰金
児童ポルノ頒布等罪	3年以下の懲役又は300万円以下の罰金
児童買春等目的人身売買罪	1年以上10年以下の懲役
児童買春等目的国外移送罪	2年以上の有期懲役

以上の罪は、日本国民が国外で犯した場合も適用される。児童とは、18歳に満たない男女。

児童買春・児童ポルノ禁止法

平成11年11月1日施行

児童買春とは、児童、周旋者又は保護者等に対し、対償を供与し、又はその供与の約束をして、児童に対し、性交や性交類似行為等をすること。

児童ポルノとは、写真、ビデオテープ等で、児童による性交又は性交類似行為に係る児童の姿態を描写したものなど。

政府広報
法務省
警察庁
厚生省

ることを知ったときには発信者に対して警告をし、削除等をする努力義務が課せられることとなった。しかし、「子どもポルノ」の製造についても野放し状態と言える状態の中で、大がかりな子どもポルノ密売組織が摘発された（一九九八年七月）。

この摘発のきっかけは大阪府下でおこった女児への「強姦及び、ワイセツ児童ポルノビデオの販売及び販売目的所持等」の事件だった。

その事件とは、大阪府下のある学童保育所の学童指導員（男性）とその知人のポルノ業者田中（男性）が、学童保育所の小学二年生から六年生までの女児七人を、全裸にして交互にワイセツ行為を加え、それぞれをビデオ撮影（延べ一九件）をしていたことが判明。強制ワイセツ事件として起訴される。その後、ビデオテープ五〇本（各二時間）が押収される中で、女児に対する強姦場面等のテープから、前記の事件として追訴。

逮捕された田中は「一億円の値打ちがあると見ていた。釈放後、編集して売るつもりだった」と供述している。

大阪府警察本部少年課の石橋俊一警部は、「月刊少年育成」（平成一〇年一〇月号）の特集「チャイルドポルノ」の記事の中で「田中から押収したテープはいずれも、幼女が強姦されたり、睡眠薬を飲まされて眠らされた上、ワイセツ行為をされたりしている等の犯罪行為そのものが撮影されており、正視できないような内容だった」と書いている。

田中と学童指導員は、一九九八年六月に懲役八年と懲役六年の判決を受けている。

その後、大阪府警は「児童ポルノ取締推進本部」を設置し、全国的な子どもポルノ密売組織「ジャパン・オール・ロリータ」の中心人物（神奈川県在住）を逮捕し、その実態を解明した結果、北海道から四国までの全国組織（一二人）が判明。子どもポルノの製作・販売をしていた実態が明らかになった。捜査範囲は、一都二府一三県にまたがり、検挙人数は一〇九名（逮捕九四名）、被害児童六二名、等の事件にまで発展した。

「子ども買春」や「子どもポルノ」の対象となる子どもたちにとって、「子ども買春」も「子どもポルノ」も、まさに性的搾取とよばれる性的虐待である。

だからこそ、この「子ども買春」や「子どもポルノ」等を禁止し、処罰する法律（平成一一年一一月施行）ができたことは喜ばしい。罰則規定も軽く、児童ポルノの所持等の処罰もない内容だが、〝子どもの権利の保護〟の視点に立ってつくられた日本では初めての画期的な法律であることを私は評価したい。また、子ども買春や子どもポルノ等にかかわる加害者の処罰と共に、被害に遭った子どもを保護するために、予防教育や児童の保護など、行政機関がなすべきことも規定している。とくに、被害児童のケアやリハビリでの民間団体との協力もうたわれた。私たちは、三年後の二〇〇二年（平成一四）一一月の見直しまでにこの法律を実効あるものにしていきたい。

そして「子ども買春は犯罪である」という社会的認識をつくりあげていきたい。

一九九八年一〇月、制服を着た女子中高生一二一人を対象にした東京学芸大教授らの調査によると、街で四人に三人が大人の男性から声をかけられ、そのうち五八％が「何か買ってあげる」と、また三人に一人が具体的な金額を提示して女子中高生を対象にしている。この現実こそが、子どもへの性的虐待の背景になっていることを、日本社会は認識してほしい。

二〇〇一年の一二月一七〜二〇日に「第二回児童の商業的性的搾取に反対する世界会議」が、横浜市で開催される。

警察庁少年課の発表によると、子ども買春・児童ポルノ禁止法が施行された一九九九年一一月一日から二〇〇〇年四月までの六ヵ月間での検挙状況は次の通りである。

「子ども買春事件」

二七九件　一八四人

うちテレホンクラブ営業に係るもの

一八六件（67％）　一二〇人（65％）

「児童ポルノ事件」

六七件　八〇人

うちインターネット利用に係るもの

三六件　三七人（46％）

「主な子ども買春事件」

○デートクラブ業者（四一歳男と三二歳女）によるデートクラブ利用の女子中学生（一四歳、一五歳）児童買春容疑（広島県警　二〇〇〇年四月一七日）

○横浜市内の市立中学校教諭（三六歳男）がテレクラで知り合った無職の少女（一五歳）を二万円で買春。児童買春容疑で全国初摘発（神奈川県警　一九九九年一一月一五日）

「主な児童ポルノ事件」

○無職男性（三八歳）が約二〇〇点の児童ポルノを自らが開放したホームページで掲載し、不特定多数に閲覧させた疑いで、児童ポルノ法初適用で逮捕（神奈川県警　一九九九年一一月一一日）

○横浜市内のレンタルビデオ店経営者（三〇歳男）が、客の男性（三六歳）に児童ポルノ二本を貸し出し、貸し出し目的で児童ポルノ四本を店内に陳列した疑いで逮捕。児童ポルノ適用では全国三番目（神奈川県警　一九九九年一一月三〇日）

注1　刑法二〇〇条（尊属殺）

自己又ハ配偶者ノ直系尊属ヲ殺シタル者ハ死刑又ハ無期懲役ニ処ス

第六章　子ども虐待を繰り返さぬために

子ども虐待の早期発見

平成一〇年度の子ども虐待の被害者の年齢層は図①のようである。

〇〜三歳未満	一七・八％
三歳〜学齢前	二六・九％
小学生	三六・六％
中学生	一三・四％
高校生・その他	五・三％

しかし、虐待が与える子どもへの影響は、年齢が低いほど大きい。とくに三歳までの幼児は、脳の発達も著しいところから、致命的な後遺症をもたらすことも多い。最近の研究では、脳の海馬の部分の発達が虐待によって遅れ、成人後、虐待を受けなかった子どもと比べると小さいということが報告されている。そして、後遺症として、人格障害をもおこすとも言われている。また、年齢が低いほど死亡する例も多い。

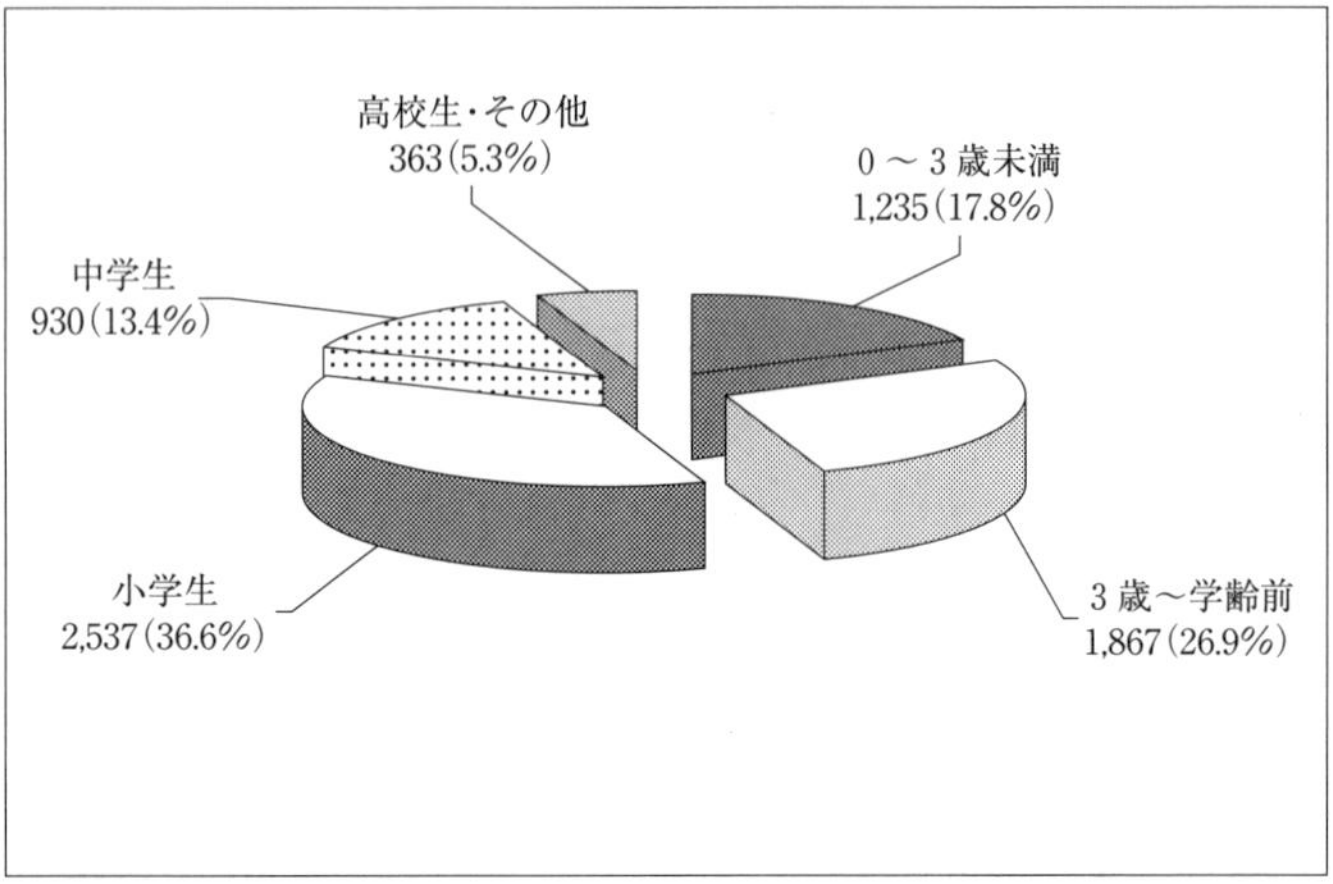

図①　被虐待児童の年令構成（平成10年度厚生省報告例）

三歳までの成長は、人としての基盤、アイディンティティを形成するとされているだけに、早急に虐待から子どもを救出することが必要である。

年齢に関係なく、すばやい対応が求められるものに性的虐待がある。とくに、非行と呼ばれる家出や徘徊が繰り返される場合は、その背景に性的虐待がないかを疑うことは大切なことである。性的虐待は、身体的虐待のように表面上にあらわれず、子どもも口に出しにくい性格だけに、注意を要する。

子ども虐待は、子どもに責任があるのではなく、虐待する側、つまり家族病理と言われるように家族に何らかの病理現象が見える場合には、虐待を疑うことが必要である。とくに、保護者が覚醒剤常用者であったり、精神を病んでいる場合は、社会的に何らかの援助がなされなければならない。

子ども虐待に気付くには、近隣だけではなく、保育園、幼稚園、学校など子どもにかかわる関係機関、また、子どもの発育や医療にかかわる保健所や医療、福祉機関や、相談窓口などの行政・民間機関も、常に子ども虐待についての正しい知識とアンテナを張っていてもらいたい。そのための研修なども必要だろう。

そして、子ども虐待の疑いのある場合は、直ちに児童相談所、福祉事務所、保健所、自治体の児童福祉課、警察、などへ通告することの社会的認知もひろめたい。

通告された側は、一機関だけで対応するのではなく、関係機関と組織的な対応が望まれる。もちろん子ども虐待は「子どもの安全確保」が何よりも優先しなければならないことはいうまでもない。

子ども虐待が起こる家族は、保護者の性格や経済、就労、夫婦関係、住居、近隣関係、医療的課題、そして子どもの特性、等々が複合的にからみあっている。だから、一時的な助言や経過観察だけでは改善が望みにくいので、複数の関係機関が連携して複合的な視野で家族に対処することが求められる。とかく、保護者と摩擦を起こさないことに注意を注ぐあまり、結果として子どもが犠牲になることは極力さけなければならない。

しかし、保護者も、配偶者からの暴力の被害者であったり、子ども時代に虐待を受けてトラウマをかかえていたり、また社会的弱者であったりすることが多いので、これらの点を考慮して、行政的・司法的介入がなされなければならないだろう。

それにしても、児童相談所のお会いした職員たちの口から一様に出ることば「もっと人数が多ければ、一人一人のケースにていねいに対応できるのですが……」という現状を、早急に改善する必要がある。

一九九九年二月の朝日新聞社の調査によると、全国一七四カ所の児童相談所の所長のうち、専門職として採用されている人は六七人で、全体の四割弱。また、各都道府県知事から任命されている児童福祉司一、二〇九人のうち、専門職は五五二人と五割弱。

都道府県・政令指定都市別では、富山県、大阪府、岡山県、香川県、横浜市が所長、児童福祉司ともに全員が専門職。しかし、多くが一般事務職員という自治体も少なくなく、「福祉職の採用がない」徳島県や、秋田県のように「所長は一般事務職だが、福祉の経験がある人を配置している」という自治体もある。

児童福祉司は児童の福祉について、「相談に応じ、専門的技術に基いて必要な指導を行う」と、児童福祉法第一一条の一で定められているが、第一一条の二の「任用」については①養成施設の卒業者②大学で心理学や教育学を専攻③医師④二年以上児童福祉事業に従事⑤上記に準ずる人、などとなっている。

専門職でないことは法律違反ではないが、一九九三年の全国児童相談所長会の調査では、「準ずる人」の割合が四分の一を占め、厚生省は任用資格を厳密に適用すべきだと指導している。

また、児童相談所長は、虐待を受けている子どもを、親の同意がなくても一時的に保護することができるほか、親子分離を長期にわたってした方がいいと判断した場合は家庭裁判所に申し立て、認められれば児童養護施設などに入所させることができるという最終的な権限を持つ。

子ども虐待が急増している現状の中で、児童相談所の第一線である児童福祉司と児童相談所長には高度な専門性が要求される。一歩まちがえば、子どもの生命さえかかっている仕事内容を考えれば、児童相談所長をはじめ児童福祉司は全員、専門職員であってほしい。

各自治体は財政難をかかえている現状にあるが、次の世代をつくる子どもの危機的状況を救うためには、児童相談所の増加と、専門職員の十分な配置を願いたい。

また、児童相談所には必ず一時保護所も併設してほしい。いま、都市部では児童養護施設などの福祉施設も定員いっぱいのところが多いが、一時保護所は定員を超えているのが現状である。私の住む横浜市は人口約三〇〇万人で児童相談所は三カ所。一時保護所は中央児童相談所のみである。

「三歳未満の幼児は、ストレスで目の下にくまができている子もいたりして……」なんていう話をある児童相談所の職員から聞くと、私は胸が痛くなる。

しかし、子ども虐待から子どもをまず安全に保護するためには、子ども虐待を早期に発見し、通告することが、大切である。

そこで、子ども虐待を早期に発見するための「それぞれの場での気づき」について、「子ども虐待防止の手引き」（厚生省監修）から紹介したい。

それぞれの場での気づき

(1)　家庭、地域で

虐待は密室に隠されてしまいがちです。性的虐待のように家庭内でも発見がむずかしいこともあります。ですから、ちょっとしたサインを見逃さないことがとても重要です。

以下のようなサインに気づいたら、一人で抱え込まずに、専門家や児童委員、主任児童委員などに相談したりして、子どもを守ることを考えましょう。些細なことと考えたり、虐待でなかったらどうしようと不安をもつ必要はありません。

①　虐待行為を疑わせる状況

●虐待行為そのものの目撃（親はしつけのためということもある）

●身体的虐待を疑わせる音（叩く音や叫び声など）

②　虐待を疑わせる子どもの状況

●不自然な傷が多い

●不自然な時間の徘徊が多い

●衣服や身体が非常に不潔である

●つねにお腹を空かせていて、与えると、隠すようにしてがつがつ食べる

●凍りついたような眼であたりをうかがったり、暗い顔をしていて周囲とうまくかかわれない

●傷や家族のことに関して不自然な答が多い

●性的なことで過度に反応したり不安をしめしたりする

●年齢の割に性的遊びが多すぎる、など

③　虐待を疑わせる親の状況

●地域の中で孤立しており、子どもに関する他者の意見に被害的・攻撃的になりやすい

●子どもが怪我をしたり、病気になっても、医者に見せようとしない

●アルコールを飲んで暴れることが多い

●小さな子どもを置いたまましょっちゅう外出している、など

(2) 集団生活の場で

保育所・幼稚園・学校などで虐待が発見されることは多いはずです。しかしながら、虐待という意識がないと、つい見過ごされてしまいます。以下のような場合には虐待を頭において観察しましょう。

① 子どもの状態

《乳児》

●表情や反応が乏しく笑顔が少ない
●特別の病気がないのに体重の増えが悪い
●いつも不潔な状態にある
●おびえた泣き方をする
●不自然な傷がある
●時折意識レベルが低下する
●予防接種や健診を受けていない、など

《幼児》

●表情の深みがない
●他者とうまくかかわれない
●かんしゃくが激しい
●不自然な傷や頑固な傷がある

●傷に対する親の説明が不自然である
●他児に対して乱暴である
●言葉の発達が遅れている
●身長や体重の増加が悪い
●衣服や身体がつねに不潔である
●基本的な生活習慣が身についていない
●がつがつした食べ方をしたり、人に隠して食べるなどの行動がみられる
●衣服を脱ぐことに異常な不安を見せる
●年齢不相応の性的な言葉や性的な行為がみられる
●他者との身体接触を異常に恐がる、など

《学童》

幼児に見られる特徴のほか、
●万引き等の非行がみられる
●落ち着きがない
●虚言が多い
●授業に集中できない
●家出をくりかえす
●理由がはっきりしない欠席や遅刻が多い、など

② 親の特徴

- 教師との面談を拒む
- 孤立している
- 被害者意識が強い
- 苛立ちが非常に強い
- 夫婦仲が悪い
- 酒や覚醒剤、麻薬の乱用がある
- 子どもの扱いが乱暴あるいは冷たい、など

(3) 乳幼児健康診査

健康診査（健診）は虐待の発見に重要な場です。しかし、大勢の子どもを短時間で見るために、よほど気をつけていないと見逃してしまいます。以下のような虐待の兆候に十分気をつけましょう。また、親自身や家族が虐待をしていたり、してしまいそうな状況である時、相談することで虐待がひどくなるのを防げることがあります。子育てに不安をもっている親が相談しやすいような雰囲気づくりも大切です。

① 問診や子どもの診察から

- 体重増加不良
- 脱水症状や栄養障害
- 刺激のなさを疑わせる発達の遅れ

●不潔な状態

●不自然な傷や火傷の跡

●頭蓋内出血、頑固な骨折、熱傷の既往、など

② 子どもの行動観察から

●言葉や行動が乱暴である

●落ち着きがない

●かんしゃくが激しい

●表情が乏しく暗い

●ちょっとした指示や注意で異常に固くなってしまう

●衣服を脱ぐことや診察を非常に恐がる、など

③ 親に対する観察から

●子どもの扱いが乱暴であったり、冷たい

●子どもの発達状況を覚えていない

●子どもの状態に関して不自然な説明をする

●母子健康手帳にほとんど記入がない

●予防接種を受けさせていない

(4) 診療の場で

忙しい診療の中で虐待を発見するためには医学的に説明がつきづらいことや不自然と思われること

を見逃さないことが大切です。とくに、「繰り返す事故」「つじつまのあわない事故」「新旧混在する身体的外傷」「説明のつかない低身長や栄養障害」は要注意です。そのほか、以下の特徴が参考となります。

① 子どもの所見

《全身》

- 低身長
- 体重増加不良
- 原因不明の脱水
- 栄養障害
- 内臓出血
- 刺激が少ないことによると考えられる発達の遅れ
- 繰り返す事故の既往

《皮膚》

- 多数の打撲や傷
- 不自然な傷（事故では起きがたい傷や道具を使った傷など）
- 不自然な火傷の跡（タバコなど）
- 不自然な皮下出血
- 不潔な皮膚や頭髪、など

《骨》

●新旧混在する多発骨折（全身骨X線撮影や顔面骨のCT所見が有効）

●乳児の長管骨骨折、など

《頭部》

●頭蓋内出血（特に硬膜下出血）

●脳挫傷、など

《眼科・耳鼻科的所見》

●眼外傷所見（白内障・出血・網膜剥離など）

●眼窩内側骨折

●鼻骨骨折

●鼓膜裂傷、など

《性器》

●性器や肛門周囲の外傷

《精神的所見》

●診察に対する不自然な不安や怯え

●無表情

●多動

●乱暴

② 親の態度

●不自然な説明

●説明内容がよく変わる

●医者をわたり歩く

●医療関係者に対する挑発的態度や被害的態度、など

(5) 電話相談

電話相談では、相談をする側が虐待とは気づいていない時が問題です。以下のような相談では虐待を疑い、適切な質問をして虐待を認識させ、子どもを守る対応ができるように力づけましょう。

① 虐待を受けている子どもからの相談：虐待を受けていながら、親のことを気遣って相談したり、性的虐待などで自分が悪いと思い込んでいることがあります。子ども自身は被害者であることを認識させて、支援を受けるように力づけましょう。

② 虐待者からの相談：子育てがむずかしいということで相談してくることがあります。「子どもがいうことをきかない」「子どもが乱暴だ」などという相談があったら、「思わずたたいてしまうこともありますか？」といった質問をして、虐待の状況を確認しましょう。

また、親自身の自殺願望やうつ状態の相談でも、よく聞いてみると子どもを虐待していることがあります。子どもがいる時には子育てについても質問してみましょう。

③ 第三者からの相談：配偶者のアルコールの問題や暴力の問題で相談があった時には、必ず子どもへの虐待について質問をする必要があります。また、きょうだいや友達が被害を受けているこ

とを知って相談してくることもあります。秘密を守ることがよいこととは限らないことを説明し、うまく支援を受ける方法について相談にのりましょう。子どもの叫び声や徘徊に文句をいってくる近隣の人には子どもを助けるために協力してもらいましょう。

以上の子ども虐待の疑いがある場合は、まず児童相談所などに通告しましょう。

虐待を疑ったら、児童相談所に通告しましょう

(1) 子どもを心身の危険から守ることが必要です

虐待を受けた子どもには生命や身体の危険だけではなく、精神的な障害をのこす危険もあります。これらの危険から子どもを守って安全を確保するには、まず児童相談所に通告することです。通告は電話でもかまいません。

また、地域の福祉事務所や児童委員に相談してみるのもよいでしょう。

(2) 疑いを大切にしましょう

虐待はさまざまな形で隠されます。疑いをもったことは重要なことです。大切に。

(3) 自分で証明する必要はありません

虐待を証明することは困難です。間違っていたらどうしようと思うことは多いのですが、確証を求めていては子どもを守れません。まずは相談や通告などの行動をおこしましょう。きっかけはたんなる疑いでも、関連する場からの情報が集まることで、確証に近づけることもあります。

(4) 一人で抱え込むのはやめましょう

虐待への対応はむずかしいものです。虐待を疑ったら、一人で抱え込まず、同じ職場の同僚や他の機関と連携をして知恵を出しあいましょう。

(5) すべてを他人任せにするのはやめましょう

通告をしたからといって、すべてを他人任せにしていては子どもを救えません。サインを受け取ってくれた人こそが子どもにとって頼みの綱です。専門機関と連携をとりながら、子どもを守る努力を続けましょう。

(6) 記録にのこしましょう

後で役立つことがあります。できるだけ記録(ビデオ・写真・テープを含む)にのこしましょう。医療の場では問診や所見を細かく記載し、身体的虐待が疑われる時には全身骨X線などを撮っておくことが望ましいといえます。

とくに、緊急度が高い場合は、早速に児童相談所に通告しましょう。

緊急度の高い場合

早急に保護するなどの緊急的な対応が必要な場合があります。緊急度は総合的に判断する必要があります。以下の項目を参考にしながら、ケースごとに考えてください。

●生命の危険がある時:頭蓋内出血・溺水・内臓出血など
●身体的障害をのこす危険がある時:骨折・眼科的障害・熱傷など

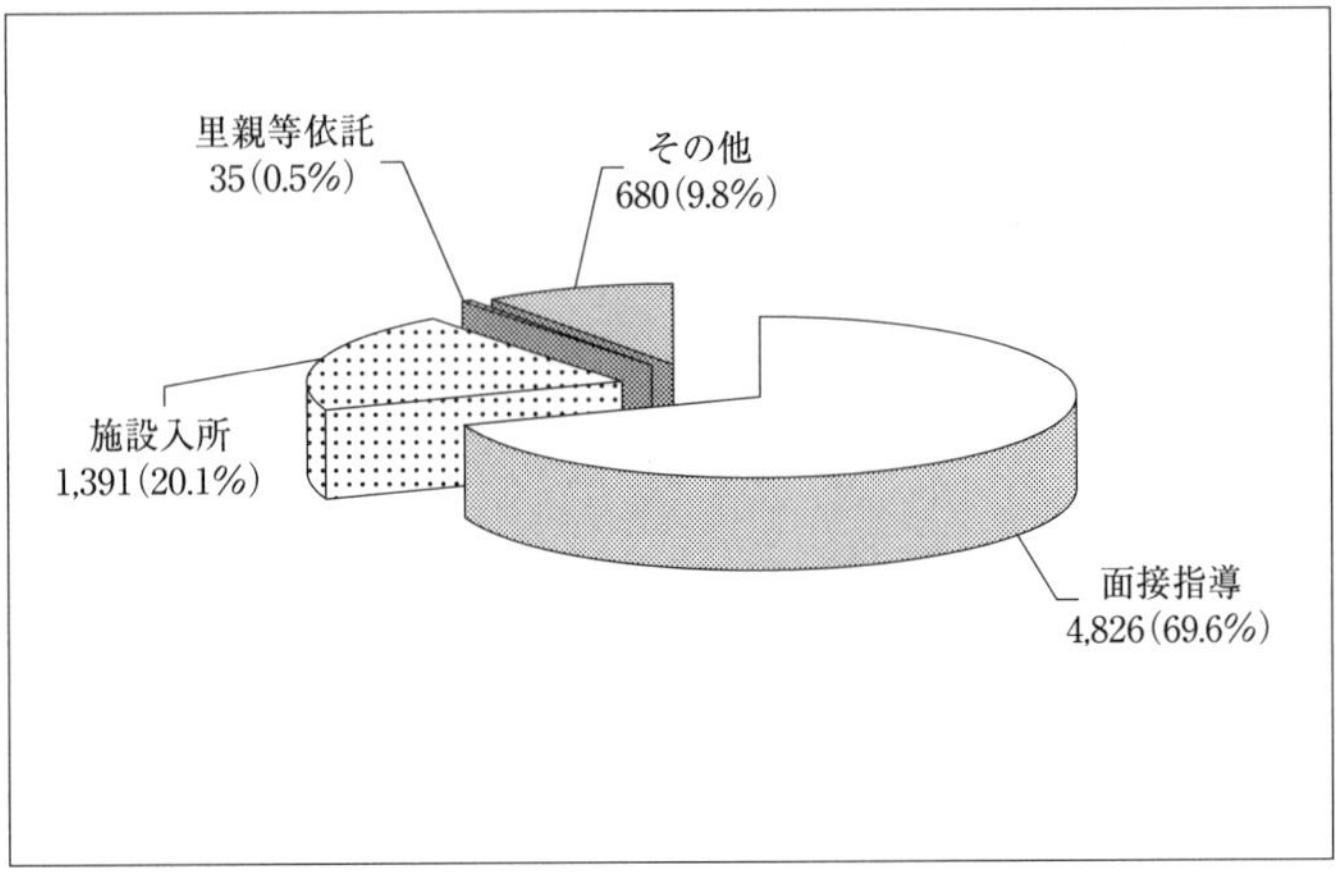

図②　虐待相談の処理種類別内訳（平成10年度厚生省報告例）

●乳幼児期で身体的虐待が繰り返されている時
●極端な栄養障害や慢性の脱水傾向がある時
●親が子どもにとって必要な医療処置を取らない時（必要な薬を与えない、乳児下痢を放置するなど）
●子どもの家出や徘徊が繰り返されている時
●虐待者が覚醒剤を使っている時
●虐待者が非常に衝動的になっている時
●性的虐待が強く疑われる時

児童相談所や福祉事務所、保健所などの専門機関に通告されると、他の関係機関とも連携して情報収集し、子どもが置かれた危険性を判断して、緊急度が高い場合は病院への入院や児童相談所の一時保護所等へ保護します。そして、虐待者（保護者）と被虐待者（子ども）を分離した方がいい場合は児童養護施設などへ子どもを入所させます。また、そんなに緊急性が高くない場合は、地域の関係機関が連携し、再び虐待が起きないように家族を支援します。子どもを入所させた場合も、関係機関が連携して、家族などをケアします。

図②が虐待相談の処理種類別内訳です。

児童養護施設の拡充を！

一九九〇年代後半から日本でも取り上げられ始めた「子ども虐待」。

児童相談所への相談件数の急増は、果たして子ども虐待の急増に比例しているのか、という点については様々な意見がある。

急激な社会の変化の中で、それについていけない親（父親も母親も）たちのいらだちが家庭内の暴力や放置を多発させ、子ども虐待を急増させていると論ずる人もいる。

いや、経済的にも現在より貧しく、子どもの人権など認められていなかった昔の方が子ども虐待は多かった。昭和の初めの大恐慌の時には、東北地方では役所ぐるみで女の子たちを売ったではないか、等。また、いまから約一〇〇年前の一九〇〇年（明治三三）五月七日付の新聞の一面に家庭の教育に関する問題として「幼児の虐待」と題する論説が載っている、と（毎日新聞一九九九年九月一七日付）。

確かに、子どもの人権が世界的に論じられ、守るべきものとして社会に認知されるようになったのは二〇世紀も後半になってからである。だからと言って「子ども虐待」をないがしろにしていいわけではない。

以前には社会的に事件として取り上げられなかった虐待によるケガや死亡も、やっと事件として、また、社会問題としてとり上げられるようになったことを私たちは社会の進歩として受け止めたい。

そして実際に一九九九年の全養協（全国児童養護施設協議会）の大会で、被虐待児の割合は多いところで七八％、少ないところでも三〇％と報告されているように、児童養護施設は虐待された子どもたちの受け皿というか、第二の家庭となっていることも現実問題として確認したい。

現在、児童養護施設の職員（児童指導員か保育士）の配置基準は、子どもの三歳未満が子ども二人に一人、三歳から小学校入学までは子ども四人に一人、それ以上は子ども六人に一人である。しかし、この職員数は二四時間体制のため、一人八時間労働として三倍を掛ける数字となる。つまり「六人に一人」は実際には「一八人に一人」ということになる。

特に乳児の場合は、二四時間世話をしなければならないわけで「二人に一人」の基準はあまりにも職員が少なすぎる。アメリカでは子どもの年齢に関係なく「二人に一人」の職員基準と聞く。日本もそうであってほしいと思う。

ある都市部の宗教系の児童養護施設（B児童養護施設）は定員七〇名。七〇年近い歴史を持つ施設を訪れたとき、ぜひ書いてほしいと言われたことがある。それは、人員配置のことである。

B児童養護施設の職員数は、施設長一名、書記一名、指導員三名、保育士一五名、栄養士二名、調理人等二名、その他七名の計三一名。しかし「労働基準局から厳しく有給休暇や週二日休日を守るようにと言われているので、現実は三一名じゃなく一五名体制で日程を組んでいると言った方がいい。

子どもたちから『先生、休み過ぎだよ』と声が出るくらい。もちろん、職員も人間的な生活が保障されなければ、子どもたちに対していい対応は出来ないということは分かっています。もっと職員の数を増やしてほしい。せめて、公立並みに。戦後ずうっと人員配置の基準は変わっていないのですから」と。

現在、都市部の児童養護施設は、どこも満杯状態と言っていい。そして、入所理由の多くは虐待である。

子どもがおかれている住環境一つとっても、半世紀前と同じ、畳一畳分しか子どもたちには与えられていない現状。

そして、少ない職員の配置基準。医療や心理療育が必要な子どもたちが増えているのに、常勤の看護婦も配置されているところは少なく、カウンセラーも非常勤配置で、被虐待児一〇人以上でやっと一名と予算がついたという状況は、あまりにもおそまつすぎる。

とくに重度の被虐待児の親子分離後の児童養護施設への入所は、児童養護施設の職員にその対応について大きな混乱を与えている。よく言われる「処遇困難児の増加」である。実際に児童養護施設に入所している子どもたちが、入所以前の虐待体験と施設での生活状況との中でどのような関連があるか調査をした資料があるので、紹介したい。

この「養護施設における子どもの入所以前の経験と施設での生活状況に関する調査」(日本社会事業大学　西澤哲、原田和幸、高橋利一氏)は、東京都内の三九の養護施設に在籍中の子どもを対象に、子どもと関わりの深い直接処遇の職員に質問に答えてもらったもので、有効回答は一八〇件。

「虐待の認識については、児童相談所の虐待の認識は五・〇%だが、施設側の認知は九・三%と二倍近くのズレがある。

「虐待体験」は、年齢が高くなるにつれ増加している。五歳以下では虐待の体験は半数以下なのに、五~九歳では約六〇%、一〇~一四歳では約七〇%である。

「施設での不適応行動と虐待体験の関連」では、

○身体的虐待のみ体験

「自己中心的行動傾向」(欲求の即時的な満足を求め、その欲求に固執し、それが満たされない場合はパニックを起こす)と、「偽成熟傾向」(大人びた態度や強迫傾向など)が高い。

○ネグレクトのみ体験

「逸脱的行動化傾向」(シンナーや万引きなど)、「意欲喪失傾向」(学校や学習に対する無気力)や「親密な人間関係の障害」(感情抑圧や孤立傾向)、「自己中心的行動傾向」「偽成熟傾向」の五つがみられる。

○心理的虐待のみ体験

「逸脱的行動化傾向」「暴力的行動傾向」「親密な人間関係の障害」「自己中心的行動傾向」「偽成熟傾向」が強い。

○性的虐待を経験

「逸脱行動化傾向」と「身体症状傾向」が強い。とくに性的虐待のみを経験した子どもは、身体症状傾向が強く出る。

「子どもに対する職員の感情」について

被虐待児は、関わる大人に対して否定的な感情を喚起する傾向があり、この結果養育者としての職員と虐待関係を持つ傾向がある。とくに、「この子と関わっていると楽しい」と「子どもの言動によって怒りの感情となり、思わず叩いてしまう」という項目が共に高い職員の感情は、子どもを虐待する親や配偶者に暴力をふるう男性の感情とよく似ているとしている。

この調査結果は、児童養護施設における被虐待児への対応がいかに大変なものかを物語っている。そのためにも、児童養護施設には被虐待児に関する専門家の養成と配置、そして職員の研修が早急に望まれる。

ヨーロッパでは一九八〇年代、アメリカでは七〇年代に子ども虐待が発見され、それに対しての法律の制定とともに、子どもの福祉にかかわる専門家の養成が始まった。そのために、政府に財源を求める運動がおこったのである。

日本でも、施設型の児童養護施設だけではなく、グループホーム的な小規模施設を幼稚園や公園、精神科クリニックがある街中に点在させることも考えていい。

日本の未来を築く子どもたちが、虐待で受けた傷をさらに第二の家庭で広げることがないように、早急に専門家の養成と、児童養護施設の拡充を求めたい。

親子ともに援助を！

少し古いが、一九九二年二月、それまでの一年間に児童養護施設に虐待で入所した子どもとその親たちについての全国養護施設協議会などの調査報告書がある。「全国養護施設に入所してきた被虐待児童とその親に関する研究報告書」（一九九四年一〇月二〇日発行）である。

この報告書によると、調査に応じた児童養護施設は三八二施設（七一・四％）。虐待を受けて入所した被虐待児は全体の一四・四％の「約三、〇〇〇人」。そして両親から望まれて生まれてきた子どもは「一九・六％」だった。

被虐待児の親は――

(1) 実母の二八・八％が実父である配偶者との関係が破綻後、再婚。

(2) 実父の三三・一％、実母の四九・三％が何らかの精神障害を持っている。実父はアルコール乱用（一六・〇％）、人格障害（一五・一％）で、実母は精神分裂病（五・七％）、アルコール乱用（八・九％）、人格障害（一四・五％）。

(3) 実父は、配偶者への暴力（一八・六％）、酒乱（一五・〇％）、怠惰で働かない（一四・八％）で、実母は異性関係（二八・五％）、酒乱（六・七％）、家出・失踪（二三・八％）、浪費（一一・八％）。

(4) 親たちもまた親から虐待を受けて育った被虐待児で、実母は三八・八％、実父は二三・〇％でである。

(5) 子どもが入所後、面会や通信のあり方が、そうでない子どもたちより少ない。

そして、この報告書は、従来、虐待する親の因子、「経済的困窮」、「低学歴」、「施設入所歴」などは、児童養護施設に入所する子どもの養育条件に共通ではあっても、被虐待児の親の因子としては認めにくいとしている。つまり、虐待する親たちは、社会経済的要因の他に、その出産を望んだかどうかの親としての情緒的問題と、義理の親や同胞（きょうだい）の存在（婚姻関係にまつわる行動）などを含めた要因が子どもを虐待する側面であると結語している。

また、児童養護施設から子どもを引き取ることを強要する親については、虐待親とそうでない親とでは、後者の方が頻度が高かったとしている。

最後に、子ども虐待から子どもを守るために私たちは何をしたらいいのかを考えたい。

子ども虐待を根絶することを私たちは願っても、その達成には多くの年月を要することはまちがいない。しかし、根絶へ向けての取り組みは歩み続ける必要がある。

その一つは、子ども虐待は子どもの問題ではなく、親の問題であることを忘れてはいけない。つまり、虐待する親は親自身もまた子ども時代に虐待を受けていた被虐待児であることが多い。そこで、親のケアの問題が見えてくる。親や家庭が変わらない限り、子どもの心の傷は本当に癒されない。子どもと親へのケアを充実させるために、児童相談所や児童福祉施設、病院などでのカウンセラーやセラピストなどの養成は急務である。

また、虐待する親の階層は二つに分けられる。一つは高学歴で経済的にも恵まれているが、自分自身の生き方に自信が持てず「わが子が可愛くない」「子どもについ手が出てしまう」と電話相談に電話をかけてくる層である。これは、日本の社会が「子育ては女性の仕事」とする母性神話をなくさない限り、なくならないだろう。子育ては家族だけではなく、地域で、社会の皆で担うものだという考えを拡めるしかない。

もう一つは、生活困難層の親たちによる虐待をどうするかである。失業、低所得、地域からの孤立、劣悪な住環境からくるイライラやストレスが子ども虐待や放置を生み出す。また、精神を病む親たちの問題抜きにも語れない。これらの親たちには、心のケアよりも福祉や労働政策、医療の提供が必要である。そして、この親たちの子どもに対するケアは施設などを含めての社会的育児の提供だろう。

児童福祉施設も、従来の児童養護施設や児童自立支援施設などに加えて、ファミリーグループホームなどの地域での小規模施設をもっと多く設置し、その子どもに合った施設を選択できるようになればいいと考える。しかし、それにしても、児童心理療育施設（情緒障害児短期治療施設）など、児童福祉施設はあまりにも少なく、その施設環境は貧し過ぎる。子どもの居住空間一つをとっても、子ども一人一畳などという最低基準が半世紀以上放置されているといった現状はただちに改善すべきである。また、児童福祉施設の職員の定数も、せめてアメリカ並みに二人に一人にして欲しい。

二一世紀には家族の多様化はますます進むと言われている、子どもたちをとりまく家庭環境もそれにつれて多様化するだろう。しかし、子どもの成長は安全で愛情ある環境がなければ健全なものにならない。その意味で、家庭内だけでなく、社会のあらゆる場で子育ての環境を整備するしかない。子育てを密室化した家庭に押しつけるのではなく、〝みんなで子育て〟をする社会を創り出すしかない。そのために子育て支援のための相談窓口や相談事業、そしてベビールームや保育所などの環境整備も早急に求められる。また、家庭での子育ても母親だけに押しつけず、両親の育児休業の保障など、働く場での子育て支援も重要である。

そして、児童相談所も地域に定着した子育てセンターなどを数多く設置し、児童福祉施設もファミリー型から様々なタイプの施設を設ける。職員も専門職員のみならず、ボランティアの力も借りて地域の新しい子育ての場を創り出すしかないと思う。

最後に〝子ども虐待は許さない！〟という社会的認知こそが、何よりの子ども虐待を防止する第一歩になることを訴えたい。そして、どんなに親（養育者）から虐待を受けても親（養育者）を慕う子どもの気持ちを第一に受けとめて、親（養育者）へのカウンセリングや支援などの社会的受け皿を早急に創っていくことが望まれる。

おわりに

この本の原稿を書き終えようとした二〇〇〇年六月末、神奈川県内の無認可保育施設で虐待による死傷事件をおこしたとして、園長が逮捕されるというショッキングな事件が報道された。新聞記事によると、事件を起こした託児所は神奈川県大和市の「スマイルマム」で、二九歳の女性経営者（園長出雲順子容疑者）が暴行により二名の幼児を死亡させ、十数名にわたる幼児に傷害を負わせたというものである。

事件を起こした託児所は、開設間もない一九九九年四月にけがをした幼児の親が警察に被害届を出していたにもかかわらず、警察は本格的な捜査に乗り出さなかった。神奈川県児童福祉課なども「子どもが託児所でけがをした」などの苦情を受けて同年七月から四回の立ち入り調査を行い、保育士の資格者を置き、どの時間帯でも保母を二人以上配置するよう指導したが、決定的な事実が判明するまで動き出さず、二〇〇〇年八月八日現在の調べでは、開園から「スマイルマム」に通園した幼児計六三人のうち約半数が何らかのけがや精神的な障害などの苦情を訴えていることが判明した。内訳は死亡が二名、骨折四名、アザや引っかき傷などが二〇名、精神的障害が三名、発熱一名、ウイスル性髄膜炎が一名である。

保育施設には「認可」と「無認可」の二種類があり、保育者の数や部屋、園庭の広さなど、国や自治体が定めている基準を満たしている施設を都道府県などが認可し、助成しているのが「認可」で、認可されていない施設が「無認可」である。このため認可保育施設は保育料は安いが、入園には一定の条件があり、夜間や休日の保育をしている所は少ない。それに比べて無認可保育施設は入園に条件がなく、長時間保育や休日保育をしているところが多い。

厚生省の集計によると、一九九九年一月現在、無認可の保育施設は全国で一万一七四ヵ所。しかし、この数は各自治体が確認したもので、実数はこれ以上だと言われている。無認可であっても、児童福祉施設法に基づき、自治体は立ち入り調査の権限は持っているが、指導に対して改善されれば、それ以上に立ち入ることはしないのが現状である。

神奈川県議会も二〇〇〇年六月の定例県議会で「スマイルマム」の幼児虐待死事件を受け、無認可保育施設の法整備を求める意見書を採択し、森首相に送った。意見書には、無認可保育施設を届け出制にするなどの対策をとるよう求めている。七月末には民主党調査団が大和市を訪れ、県や市の担当者と意見交換した。また、神奈川県は八月八日に緊急電話相談窓口「無認可ホットライン」を開設、八月一〇日には県教育委員会や警察、各市町村などの関係機関と連携して「無認可保育施設対策推進会議」を設置し、指導のあり方などの検討を始めた。

この「スマイルマム」事件で明らかになったのは、子どもの生命を安全に守るはずの保育施設が無認可の場合、届け出制にもなっていないことである。実際、働く女性の側からすると公立や認可の保育施設は数も少ない上に、入園の条件も厳しく、その上に休日保育などもしているところが少ない。

ある公立保育園ではほとんどが教員などの公務員の子どもで占められているという話もよく聞く。民間企業で親たちにとっては、残業などで延長保育にも応えてくれる無認可の保育施設は心強い味方なのである。つまり、働く女性の現実に公立や認可の保育施設は追いついていないといったらいいだろうか。もちろん、幼児にとって長時間保育や夜間保育がいい育児環境にあるとは言い切れないが、実際に幼児を持つ母親のための短縮労働時間を積極的に認める企業や会社の皆の暖かい目があふれているかと思えば、決してそんな社会状況にはないことを誰も否定できないだろう。そして、多くの無認可保育施設が必死に働く母親を助けているというのが現実である。

保育施設での幼児虐待を防ぐには、無認可であろうと届け出制にし、一定の基準を満たしている施設には自治体の助成をして、常に自治体は利用者には情報をオープンにする、また、常時、二人以上の複数の保母で子どもを見、疲労をさけるために保母も一日九時間（休憩を含む）以上の労働をさせないようにする。そして、保育施設をオープンにするために保育施設オンブズマン制度などの第三者の目も必要である。

この本を書くために一年以上取材を続けてきて、いま心から思うことは、子どもの生命があまりにも軽くあつかわれているという一言である。密室の中で抵抗したり、逃げ出す術もなく、親（養育者）や保育者などから虐待を受ける子どもたち。そして親（養育者）からの虐待を逃れて児童養護施設などへ入所しても、被虐待児の行動の特徴と言われる〝再現性〟行動ゆえに施設職員からの体罰をまねきやすい状況、等々の環境。彼らは親（養育者）を選んで生まれてきたわけではない。たまたま生を受けてこの世に誕生したところ（家庭）で、一言で言えば人権侵害を受ける。しかし、子どもは親（養育者）を頼って生きるしかない。虐待を受けても受けても「自分が悪い子だから」と自己評価を下げながら生きる……。虐待する親から分離されても、親を慕う気持ちを秘かに持ち続ける子どもたち。

人は、誕生してから自己を確立するまでの間に土台となるべき精神を形成すると言われている。この時期に親（養育者）や保育者などの大人から虐待を受けると、人と人との信頼関係をつくることが容易でなくなり、社会への適応が難しくなると言われている。そして、何より子ども虐待は、次なる虐待の連鎖を生み出すと。取材の中で何度も聞いた「されたことはできるが、されなかったことはなかなかできない」という言葉。虐待を受けて育つと、成人してから男性で言えば、ドメスティック・バイオレンスと呼ばれる妻や愛人への暴力。そして親（養育者）になったときには子ども虐待の加害者に。「虐待の連鎖」である。

いま、世界中でこの「虐待の連鎖」を断ち切るために、さまざまな取り組みがされている。まず、虐待を受けた子どもたちへの心の傷をどう治療（癒す）するのか。そして虐待をする親（養育者）たちへのカウンセリングなどの治療。社会も子ども虐待を防止するために法整備も含めてどのような社会環境をつくっていくか、等々である。

日本もやっと二〇〇〇年一一月から「児童虐待の防止等に関する法律」が施行され、子ども虐待防止のための第一歩を踏み出す。

この「子ども虐待」を書くきっかけは「はじめに」でも触れたように、一九九八年にシンガポールで開かれた「家庭暴力世界会議」に参加したことと、もう一つは当時神奈川県福祉部児童課養護班の加藤芳明主幹から「子どもの応援団がいなくてね」という言葉からだった。

そして、児童相談所、児童養護施設、情緒障害児短期治療施設などの取材から見えてきたものは、あまりにもお粗末な日本の児童福祉の現状だった。その中で、必死に虐待された子供たちと向き合って働いている職員たち。自治体の緊縮財政の影響で予算を削減されている児童相談所などでは一時保護所の併合や職員の減数が行われている。子ども虐待が増加しているにもかかわらず、児童養護施設の職員の定数も半世紀以上据置かれたままである。その上、約九割が宗教系や篤志家による法人経営で、公立の施設は一割という、いかに子どもの福祉施設に対する国の姿勢が貧しいかも知った。マスコミも、児童相談所や児童養護施設などの子ども虐待への対応のまずさを指摘するが、なぜ、虐待から子どもを救い出す児童相談所や、第二の家庭でもある児童養護施設などで体罰問題が発生するかは追及しようとしない。

児童虐待の防止に関する法律施行を目の前にひかえて、国は児童相談所などの拡充や、児童養護施設などの充実に早急に取り組んで欲しい。そして、何よりも子ども虐待の専門家の育成と配置を将来的に望みたい。

そして、なにより、子どもは私たちの未来をつくりあげる大事な地球の宝であることを忘れてほしくない。

毎日のように報道される子ども虐待のニュース「三歳　栄養失調死『虐待』の通報いかせず　殺人容疑で両親を送検（山形）」や「五歳児を暴行死　双子の姉は骨折、衰弱　容疑の父親を逮捕（静岡)」等々を見るたびに、胸が痛む。

二〇〇〇年上半期の子ども虐待事件は警察庁のまとめによると、前年同期より約五割増加して摘発件数は九四件。検挙人数は一三〇人。被害児童数は九四人。加害者は実母が三一人で、実父は三〇人。もはや、手をこまねいているときではない！　というのが正直な私の感想である。

今回の取材では、神奈川県立中央児童相談所をはじめとして多くの方たちのご協力を得たことに感謝し、ここに記したい。しかし、子どものプライバシーの問題もあって、協力者を明かすことができないのは残念だが、ご了承いただきたい。また、同様に活字にできた部分もごくわずかであることも。

最後に子ども虐待に関する資料を次々と提供して下さった神奈川県社会福祉協議会の福祉資料室の尾崎由美さんたち。また児童虐待防止等に関する法律についての情報を提供して下さった千葉景子参議院議員。その他、多くの友人たちが、ともすれば子ども虐待というテーマに挫けそうになる私を支えて下さったことにも感謝の言葉を贈りたい。そして、新評論の二瓶一郎氏にも出版の労をとっていただいたことに御礼を申し上げたい。

この本が、子どもたちの応援団として子ども虐待を少しでも防止できることに役立てば、私としては本当にうれしい。

二〇〇〇年九月

いのうえせつこ

参考資料

参考文献

「日本の児童福祉」一九九七年十二月号　全国養護問題研究会
「子ども虐待防止の手引き」　厚生省児童家庭局企画課・監修　子ども虐待防止の手引き編集委員会・編
「子どもが語る施設の暮らし」　子どもが語る施設の暮らし編集委員会編（明石書店）
「月刊福祉」一九九八年一二月号　（社）全国社会福祉協議会
「児童養護」第28巻第二号　（社）全国社会福祉協議会（社）全国養護施設協議会
「児童養護　第29号第４号」　（社）全国社会福祉協議会　（社）全国児童養護施設協議会
「新しい養護原理（改訂版）」　加藤孝正編著（ミネルヴァ書房）
「養護施設の半世紀と新たな飛翔」　（社）全国養護施設協議会
「愛に生きて　鎌倉保育園とともに」　佐竹伸著（鎌倉保育園）
「年表と写真に見る百年史　創立一〇〇年記念」　社会福祉法人　鎌倉保育園
「平成九年　社会福祉施設等調査報告　上巻」　厚生省大臣官房統計情報部
「神奈川県社会福祉施設・団体名簿　一九九七年版」　社会福祉法人　神奈川県社会福祉協議会
「福祉広報」　一九九八年四月号　資料編　社会福祉法人　東京都社会福祉協議会
「人権擁護機能のあり方検討会　報告会」　社会福祉法人　神奈川県社会福祉協議会
「保育界　第三〇四号　平成一一年一二月号」　社会福祉法人　日本保育協会
「教養月報　No六〇三　一九九九年七月号」　神奈川県総務部職員課

「紀要　Vol.２」　神奈川県立総合療育相談センター
「平成一〇年度　事業概要」　神奈川県立総合療育相談センター、神奈川県児童相談所
「新しい家族　第32号」　養子と里親を考える会
「改訂　日本の児童福祉施設の現状」　長谷川重夫著　（社）子どもの虐待防止センター
「季刊　児童養護　Vol.30 No.２」　全国社会福祉協議会、全国児童養護施設協議会
「箱庭療法の基礎」　岡田康伸著（誠信書房）
「季刊　児童養護　Vol.29 No.２」（社）全国社会福祉協議会、全国児童養護施設協議会
「心をはぐくむ―子育てQ＆A」　（社）全国情緒障害児短期治療施設協議会
「心理治療と治療教育―情緒障害児短期治療施設研究紀要―第11号」（二〇〇〇―三）　全国情緒障害児短期治療施設協議会
「世界の児童と母性」Vol.47（一九九九―一〇）　財団法人資生堂社会福祉事業財団
「生きる輝き　わきでる　横浜いずみ学園　十年のあゆみ」　社会福祉法人　横浜博萌会　横浜いずみ学園
「あなたとわたしの性」　42号51号34号　性を語る会編集（アーニ出版）
「尊属殺人罪が消えた日」　谷口優子著（筑摩書房）
「シーラという子　虐待されたある少女の物語」　トリイ・L・ヘイデン著　入江真佐子訳（早川書房）
「月刊　少年育成」　一九九八年十月号　社団法人大阪少年補導協会
「Tomorrow（東京の養護）」　一九九六年十一月二十六日発行　第50回全国養護施設長研究協議会　東京都実行委員会編（社会福祉法人東京都社会福祉協議会）
「図解による法律用語辞典」（自由国民社）
「全国養護施設に入所してきた被虐待児童とその親に関する研究報告書」（社）全国養護施設協議会調査研究部・子ども虐待防止センター

児童虐待の防止等に関する法律

（目的）

第一条　この法律は、児童虐待が児童の心身の成長及び人格の形成に重大な影響を与えることにかんがみ、児童に対する虐待の禁止、児童虐待の防止に関する国及び地方公共団体の責務、児童虐待を受けた児童の保護のための措置等を定めることにより、児童虐待の防止等に関する施策を促進することを目的とする。

（児童虐待の定義）

第二条　この法律において、「児童虐待」とは、保護者（親権を行う者、未成年後見人その他の者で、児童を現に監護するものをいう。以下同じ。）がその監護する児童（十八歳に満たない者をいう。以下同じ。）に対し、次に掲げる行為をすることをいう。

一　児童の身体に外傷が生じ、又は生じるおそれのある暴行を加えること。

二　児童にわいせつな行為をすること又は児童をしてわいせつな行為をさせること。

三　児童の心身の正常な発達を妨げるような著しい減食又は長時間の放置その他の保護者としての監護を著しく怠ること。

四　児童に著しい心理的外傷を与える言動を行うこと。

（児童に対する虐待の禁止）

第三条　何人も、児童に対し、虐待をしてはならない。

（国及び地方公共団体の責務等）

第四条　国及び地方公共団体は、児童虐待の早期発見及び児童虐待を受けた児童の迅速かつ適切な保護を行うため、関係機関及び民間団体の連携の強化その他児童虐待の防止等のために必要な体制の整備に努めるものとする。

2　国及び地方公共団体は、児童虐待を受けた児童に対し専門的知識に基づく適切な保護を行うことができるよう、児童相談所等関係機関の職員の人材の確保及び資質の向上を図るため、研修等必要な措置を講ずるものとする。

3　国及び地方公共団体は、児童虐待の防止に資するため、児童虐待が児童に及ぼす影響、児童虐待に係る通告義務等について必要な広報その他の啓発活動に努めるものとする。

4　何人も、児童の健全な成長のために、良好な家族の関係及び近隣社会の連帯が求められていることに留意しなければならない。

（児童虐待の早期発見）

第五条　学校の教職員、児童福祉施設の職員、医師、保健婦、弁護士その他児童の福祉に職務上関係のある者は、児童虐待を発見しやすい立場にあることを自覚し、児童虐待の早期発見に努めなければならない。

（児童虐待に係る通告）

第六条　児童虐待を受けた児童を発見した者は、速やかに、これを児童福祉法（昭和二十二年法律第百六十四号）第二十五条の規定により通告しなければならない。

2　刑法（明治四十年法律第四十五号）の秘密漏示罪の規定その他の守秘義務に関する法律の規定は、児童虐待を受けた児童を発見した場合における児童福祉法第二十五条の規定による通告をする義務の遵守を妨げるものと解釈してはならない。

第七条　児童相談所又は福祉事務所が児童虐待を受けた児童に係る児童福祉法第二十五条の規定による通告を受けた場合においては、当該通告を受けた児童相談所又は福祉事務所の所長、所員その他の職員及び当該通告を仲介した児童委員は、その職務上知り得た事項であって当該通告をした者を特定させるものを漏らしてはならない。

（通告又は送致を受けた場合の措置）

第八条　児童相談所が児童虐待を受けた児童について児童福祉法第二十五条の規定による通告又は同法第二十五

条の二第一号の規定による送致を受けたときは、児童相談所長は、速やかに、当該児童の安全の確認を行うよう努めるとともに、必要に応じ同法第三十三条第一項の規定による一時保護を行うものとする。

（立入調査等）

第九条　都道府県知事は、児童虐待が行われているおそれがあると認めるときは、児童委員又は児童の福祉に関する事務に従事する職員をして、児童の住所又は居所に立ち入り、必要な調査又は質問をさせることができる。この場合においては、その身分を証明する証票を携帯させなければならない。

2　前項の規定による児童委員又は児童の福祉に関する事務に従事する職員の立入り及び調査又は質問は、児童福祉法第二十九条の規定による児童委員又は児童の福祉に関する事務に従事する吏員の立入り及び調査又は質問とみなして、同法第六十二条第一号の規定を適用する。

（警察官の援助）

第十条　第八条の規定による児童の安全の確認、同条の一時保護又は前条第一項の規定による立入り及び調査若しくは質問をしようとする者は、これらの職務の執行に際し必要があると認めるときは、警察官の援助を求めることができる。

（指導を受ける義務等）

第十一条　児童虐待を行った保護者について児童福祉法第二十七条第一項第二号の措置が採られた場合においては、当該保護者は、同号の指導を受けなければならない。

2　前項の場合において保護者が同項の指導を受けないときは、都道府県知事は、当該保護者に対し、同項の指導を受けるよう勧告することができる。

（面会又は通信の制限）

第十二条　児童虐待を受けた児童について児童福祉法第二十八条の規定により同法第二十七条第一項第三号の措置が採られた場合においては、児童相談所長又は同号に規定する施設の長は、児童虐待の防止及び児童虐待を受けた児童の保護の観点から、当該児童虐待を行った保護者について当該児童との面会又は通信を制限することができる。

（児童福祉司等の意見の聴取）

第十三条　都道府県知事は、児童虐待を受けた児童について児童福祉法第二十七条第一項第三号の措置が採られ、及び当該児童の保護者について同項第二号の措置が採られた場合において、当該児童について採られた同項第三号の措置を解除しようとするときは、当該児童の保護者について同項第二号の指導を行うこととされた児童福祉司等の意見を聴かなければならない。

（親権の行使に関する配慮等）

第十四条　児童の親権を行う者は、児童のしつけに際して、その適切な行使に配慮しなければならない。

2　児童の親権を行う者は、児童虐待に係る暴行罪、傷害罪その他の犯罪について、当該児童の親権を行う者であることを理由として、その責めを免れることはない。

（親権の喪失の制度の適切な運用）

第十五条　民法（明治二十九年法律第八十九号）に規定する親権の喪失の制度は、児童虐待の防止及び児童虐待を受けた児童の保護の観点からも、適切に運用されなければならない。

（大都市等の特例）

第十六条　この法律中都道府県が処理することとされている事務で政令で定めるものは、地方自治法（昭和二十二年法律第六十七号）第二百五十二条の十九第一項の指定都市（以下「指定都市」という。）及び同法第二百五十二条の二十二第一項の中核市（以下「中核市」という。）においては、政令で定めるところにより、指定都市又は中核市（以下「指定都市等」という。）が処理するものとする。この場合においては、この法律中都道府県に関する規定は、指定都市等に関する規定として指定都市等に適用があるものとする。

附　則

（施行期日）

第一条　この法律は、公布の日から起算して六月を超えない範囲内において政令で定める日から施行する。ただし、附則第三条中児童福祉法第十一条第一項第五号の改正規定及び同法第十六条の二第二項第四号の改正規定並びに附則第四条の規定は、公布の日から起算して二年を超えない範囲内において政令で定める日から施行する。

（検討）

第二条　児童虐待の防止等のための制度については、この法律の施行後三年を目途として、この法律の施行状況等を勘案し、検討が加えられ、その結果に基づいて必要な措置が講ぜられるものとする。

（児童福祉法の一部改正）

第三条　児童福祉法の一部を次のように改正する。

第十一条第一項第三号の次に次の一号を加える。

三の二　社会福祉士

第十一条第一項第五号を次のように改める。

五　前各号に掲げる者と同等以上の能力を有すると認められる者であって、厚生省令で定めるもの

第十六条の二第二項中「左の各号の一に」を「次の各号のいずれかに」に改め、同項第二号中「基く」を「基づく」に改め、同号の次に次の一号を加える。

二の二　社会福祉士

第十六条の二第二項第四号を次のように改める。

四　前各号に掲げる者と同等以上の能力を有すると認められる者であって、厚生省令で定めるもの

第三十三条に次の二項を加える。

前二項の規定による一時保護の期間は、当該一時保護を開始した日から二月を超えてはならない。

前項の規定にかかわらず、児童相談所長又は都道府県知事は、必要があると認めるときは、引き続き第一項又は第二項の規定による一時保護を行うことができる。

第四十五条第一項に後段として次のように加える。

この場合において、その最低基準は、児童の身体的、精神的及び社会的な発達のために必要な生活水準を確保するものでなければならない。

第四十五条に次の一項を加える。

児童福祉施設の設置者は、児童福祉施設の設備及び運営についての水準の向上を図ることに努めるものとする。

（児童福祉法の一部改正に伴う経過措置）

第四条　附則第一条ただし書に規定する規定の施行の日（以下「施行日」という。）の前日において前条の規定による改正前の児童福祉法（以下「旧法」という。）第十一条第一項第五号に該当することにより同項に規定する児童福祉司に任用されていた者は、前条の規定による改正後の児童福祉法（以下「新法」という。）第十一条第一項の規定にかかわらず、施行日以後も引き続き同項に規定する児童福祉司であることができる。
2　施行日の前日において旧法第十六条の二第二項第四号に該当することにより児童相談所の所長に任用されていた者は、新法第十六条の二第二項の規定にかかわらず、施行日以後も引き続き児童相談所の所長であることができる。
（中央省庁等改革関係法施行法の一部改正）

第五条　中央省庁等改革関係法施行法（平成十一年法律第百六十号）の一部を次のように改正する。

第五百九十五条の次に次の一条を加える。

（児童虐待の防止等に関する法律の一部改正）

第五百九十五条の二　児童虐待の防止等に関する法律の一部を次のように改正する。

附則第三条のうち児童福祉法第十一条第一項第五号の改正規定及び同法第十六条の二第二項第四号の改正規定中「厚生省令」を「厚生労働省令」に改める。

著者紹介

いのうえ せつこ
本名　井上節子。
1939年生まれ。フリーライター。女性の視点でさまざまな社会問題を取材，執筆，講演活動を行う。横浜市在住。著者「主婦を魅する新宗教」（谷沢書房），「結婚が変わる」（谷沢書房），「海と緑と女たち――三宅島と逗子」（社会評論社），「新興宗教ブームと女性」（新評論），「占領軍慰安所」（新評論），「買春する男たち」（新評論），「女子挺身隊の記録」（新評論），「高齢者虐待」（新評論），共著「母と教師の教育革命」（労働教育センター）ほか。

子ども虐待　（検印廃止）

2000年10月15日　初版第1刷発行
2001年2月25日　初版第2刷発行

著　者　いのうえせつこ
発行者　武市一幸

発行所　株式会社　新評論

〒169-0051
東京都新宿区西早稲田3－16－28
電話　03（3202）7391
振替　00160-1-113487
http://www.shinhyoron.co.jp

落丁・乱丁本はお取り替えします

印刷　新栄堂
製本　桂川製本
装幀　山田英春

ISBN-7948-0496-2　C0036
Printed in Japan

いのうえせつこの好評書

増補版 新興宗教ブームと女性　二〇〇〇円

占領軍慰安所
—国家による売春施設—　二〇〇〇円

買春する男たち　一八〇〇円

女子挺身隊の記録　二二〇〇円

高齢者虐待　一八〇〇円